湖北省社会科学基金一般项目（后期资助项目）（2018129）成果

许静荣 /著

法国
语言政策研究

A STUDY OF FRENCH LANGUAGE POLICY

社会科学文献出版社
SOCIAL SCIENCES ACADEMIC PRESS (CHINA)

国家语言规划须有国际意识

——序《法国语言政策研究》

许静荣的博士论文《法国语言政策研究》，即将付梓，请我作序，我自然很乐意。2009 年时，静荣参加了国家汉办的“非英语语种语言培训”项目，在中国传媒大学法语系学习一年。接着，2011 年，赴巴黎七大（巴黎狄德罗大学）孔子学院任教两年。她有一定的法语基础，对法国有亲身体验，且从那时起就对法国的语言政策感兴趣。2015 年，来北京语言大学攻读博士学位，法国语言政策成为她的正式研究对象。

此时，新冠肺炎仍肆虐江城。身处江城的静荣，仍静心问学，思虑国别语言规划，可谓学有恒心、学有定性。而我，身宅北京，心寄南国。那里是我学习和长期工作过的地方，是第二故乡；我的妹妹和侄女两家人仍生活在那里，母亲今年也在妹妹家过春节，还有武汉、湖北的学生、师友、乡亲，他们昼夜都在病毒的包围之中；也有多个老熟人倒下了，被病魔吞噬了……此时此刻，谈学术，的确有点奢侈。然而，我翻开《法国语言政策研究》的校样，读着读着，心情渐渐平静下来，头脑也慢慢活动起来。

静荣之于法国，之于法国语言政策，可谓 10 年结缘，5 年深究。而我了解法国，是从大学的法国文学课程开始的。古典主义作家高乃依、拉辛、莫里哀、拉封丹；启蒙文学作家伏尔泰的《老实人》《天真汉》，狄德罗的《拉摩的侄儿》，卢梭的《爱弥儿》《忏悔录》，孟德斯鸠的《波斯人信札》。但真正能点燃激情的，是雨果的《巴黎圣母院》《悲惨世界》，大仲马的《基督山伯爵》《三个火枪手》，司汤达的《红与黑》，小仲马的《茶花女》，巴尔扎克的《欧也妮·葛朗台》《高老头》，福楼拜的《包法利夫人》，莫泊桑的《项链》《羊脂球》，罗曼·罗兰的《约翰·克利斯朵夫》，这些著作里的故事、人物甚至一些名言，都常萦脑际，常驻嘴边。

之后，我负笈武昌，步入语言学之门，知道了法国的语言学家马丁内、梅耶，当然也包括瑞士法语区日内瓦大学的索绪尔。问学之中，又接触到汉学研究，对于法国历代的汉学家，如马若瑟、雷慕莎、儒莲、巴赞、毕欧、沙畹、马伯乐、戴密微、谢和耐等，充满了好奇和敬意。2000 年底，我北上京师，开始从事语言规划工作，对都德的《最后一课》格外关注。1873 年，都德发表了著名的短篇小说集《月曜日故事集》，其中的《最后一课》是描写普法战争后，被割让给普鲁士的阿尔萨斯省的一所乡村小学，上最后一堂法语课的情景，也是向祖国语言的告别情景。这是一个“语言同化”的历史例证，更是一个语言与祖国的情感故事。

此前我对法国的认识，可以说是“文本空间”的认识，这种认识带有很多浪漫的想象成分。而自从 2000 年以来，我更关注法国的现实，当然首先是它的语言政策。20 世纪五六十年代的中国语言规划，受到苏联、日本、土耳其、越南、法国的语言政策和语言实践的不小影响，汉语拼音的字母名称音就与法语字母表读音有许多近似之处。法国语言政策给国人的最大印象是：法国人异常热爱法语，热爱语言就是热爱祖国，有一系列法律在维护法语的地位、尊严和使用，领导人也常做维护法语的表率。这种印象与中国努力推广普通话、致力于语言统一的理念，非常接近，故常常得到国人的援引与赞赏。

早在 1964 年 1 月 27 日，法国就顶着压力与中国建立了外交关系，是西方世界中较早与华建交的。法国的汉语教学在中法建交前就开始了。1958 年，巴黎梦日隆市中学就开设了汉语课。20 世纪 60 年代末期，法国高中毕业会考，汉语已是可供选择的外语之一。1998 年，法国教育部又设立汉语总督学职务，规划和管理汉语教学事务。法国的汉语教学承继悠远的汉学传统，有声有色，堪称国际表率。

值得关注的是，2010 年，中法两国首脑倡议互办“语言年”活动。在此倡议下，2012 年在中国的北京语言大学举办了首届“中法语言政策与规划国际研讨会"，两国的语言政策制定者、学者坐享"秋果"，就两国及国际的语言政策与语言规划问题交流切磋。2014 年，第二届研讨会在巴黎的卢浮宫举办，那是现实与艺术的结合。2016 年，第三届研讨会在北京的首都博物馆举办，参会人员扩大到 14 个法语国家地区和联合国官员。这些会议的筹备与举行，使我结交了许多法国同行，深交了研究法国语言政策的中国朋友，从一个侧面更加真实地了解现实的法国。

举办这些会议，法方有一个穿针引线的关键人物，他就是白乐桑先生。乐桑兄是 1973 年法国第一批公派赴华留学生，在北京语言大学和北京大学学习，之后回国从事汉语教学，并陆续担任了许多汉语教育的职务，是知名的汉语教育家。我们很早就是"高山流水"般的朋友，就是从他那里我知道了，说"汉语难学"的是中国人，欧洲人最讨厌的中国食物是"粥"。我与他，一起做会议的学术筹备，一起商议会议的议题，会后还一起编辑《中法语言政策研究》。当然，我与乐桑兄还有其他的学术兴趣，比如汉语教学问题，比如汉语的幽默问题，比如通过慕课来保护濒临灭亡的语言问题。

我对法国的认识从"文本空间"转到"现实空间"，增加了许多具象体验。许静荣把法国语言政策做博士论文选题，又给了我从"学术空间"上理性认识法国的机会。静荣这部书中的很多问题，作为博士导师的我都参与了探讨。我们讨论布迪厄的语言符号权力理论，讨论海然热的"反对单一语言"的多语主义主张，讨论法国语言政策的"变"与"不变"，讨论国际社会的语言政策发展趋势，讨论中国该如何镜鉴法国经验。《礼记》所云"教学相长"，此之谓也。

国际学界通常认为，法国的语言意识是典型的"一个国家、一个民族、一种语言"。静荣利用 2004 年至 2017 年的资料，特别是 2015 年至 2017 年的最新数据，指出法国的语言战略正在由"单语主义"向多语主义和文化多元化价值观转变。法国的这一转变和发现法国的这一转变都很重要。细究转变的主要原因，大概有三。

其一，国际潮流的影响。联合国教科文组织、欧盟等国际组织，一直都在提倡语言平等和多语主义。这些国际组织的语言理念已经形成国际潮流，影响到其他国际组织和许多国家，也影响到国际语言规划学界。

其二，法国的国际利益。法语是历史上的世界语言，现在全世界讲法语者还有2.74亿，成立于1970年的法语国家组织，今天拥有54个正式成员国和27个观察员国。但是二战以来，法语逐渐让位于英语，以至形成今天“英语独大”的局面，许多法语国家不断出现“语言倒戈”，或转用英语，或把第一外语换作英语。提倡多语主义，在国际上可为法语的维持提供道义上的支持。

其三，大国形象。法国是世界大国，是欧盟的主要成员国，联合国教科文组织就设在巴黎，文化上有着启蒙主义传统，故而在语言上应当有现代的理念，应改变国际上对它的“单语主义”印象。法国对国内的方言和一些民族语言，态度也有不小变化，起码采取了“怀柔”政策。

法国语言政策的转变，主要是为了应对国际语言形势，维护法语的国际地位。其实，现在的大国语言规划，都应关注国内和国际两个大局，不能不考虑如何维护文化的多样性，不能不考虑“一语独大”对人类的负面影响，为缓解各种语言矛盾，“多语主义”选择是必须的。我国实行改革开放的时间还不长，语言规划考虑较多的是本土，语言规划的内容也比较单一。在改革开放的今天，在提出“一带一路”倡议和人类命运共同体构想的今天，语言规划必须兼顾国内、国际两个大局，必须具有国际眼光。而如何做好中国的语言规划，法国的经验是值得借鉴的。

借鉴法国语言规划经验之时，许静荣的这部《法国语言政策研究》，或可做参考。

李宇明
2020年2月29日
序于北京惧闲聊斋

目　录

绪　论 ………………………………………………………… 001

第一节　法语特殊的语言地位 ………………………………… 002

第二节　国际社会对法国语言政策的研究 …………………… 005

第三节　研究思路及目标 ……………………………………… 014

第一章　符号权力理论与法国语言政策 ……………………… 017

第一节　布迪厄与符号权力理论 ……………………………… 017

第二节　布氏理论的相关概念 ………………………………… 019

第三节　符号权力理论与语言政策研究 ……………………… 029

第二章　法语标准语的形成与立法 …………………………… 038

第一节　法语标准语的形成 …………………………………… 038

第二节　法语标准语的立法过程 ……………………………… 040

第三节　区域语言的地位问题 ………………………………… 048

第三章　法语标准语的规范化 ………………………………… 052

第一节　语言规范化与法语纯洁观 …………………………… 052

第二节　法语规范化的历史 …………………………………… 054

第三节　当代的法语规范化 …………………………………… 057

第四节　法语教育政策 ………………………………………… 070

第四章　法国语言政策的产生机制研究 …… 076
第一节　语言政策的产生 …… 076
第二节　法国语言政策网络研究 …… 086
第三节　语言政策过程中的博弈 …… 100
第四节　语言政策的实施及效果 …… 107

第五章　语言政策实践状况研究
——《法语使用报告》分析 …… 121
第一节　社会经济生活中的语言实践 …… 121
第二节　弱势、边缘语言群体的法语使用与社会矛盾 …… 132
第三节　区域语言政策与多语资源观 …… 143
第四节　国际组织中的法语政策 …… 160

第六章　全球化时代法国语言政策的多语主义转向 …… 176
第一节　法国语言政策的三个历史截面 …… 176
第二节　法语的全球传播与国际话语权竞争 …… 189

参考文献 …… 199

绪论

许嘉璐先生在《国外语言政策与语言规划进程》（2001）的序中说，语言的发展演变和政治、经济、民族等社会问题一样的千头万绪、彼此纠葛，同时，语言的“运动”——融合与对立、冲突与竞争、接触与变异等——对各国社会以及国际的影响既隐性又重大。语言学家的任务，就是要从一般人所不注意的语言现象中捕捉语言“运动”的轨迹，语言规划专家则据此研究出既符合语言规律又适应国家民族发展的语言政策，引导社会语言行为健康发展。而语言规划研究中的国别研究被认为是既具有理论价值也有现实意义的重要领域，它既是研究对象也是一种研究方法。语言政策国别研究不仅能使我们了解国外的情况，也能为我们提供良好的参照系，同时，语言政策国别研究能促进对语言政策理论的探讨、语言规划与政策研究的学科建设与人才队伍的培养（郭龙生，2014）。

然而，目前我国语言政策的国别研究存在一些问题，比如外语语种比较少（不超过 100 种语言），关注的国家范围比较窄（大约 57 个国家和地区，而且还有重复建设），翻译介绍难度大，国内接受度不够，以及深入的比较研究不够等（郭龙生，2014）。面对这些问题，我们在做语言政策的国别研究时就不能仅凭个人兴趣，而应该有统筹有计划有创新地进行，为该学术领域做有益的补充。

决定对法国语言政策进行系统的研究，缘于法国和法语的三个特殊性：其一，法语作为世界性大语种在全球语言格局中具有特殊的地位，它虽然在绝对人数上不如很多语种强势，却拥有强势的话语权；其二，由于法国语言政策的历史悠久性和积极能动性，没有哪个国家像法国一样看重语言政策对语言乃至国家政治经济的实际调控作用，不得不说，法国人对语言政策的运用具有特殊的敏感性；其三，作为全球化背景下多语主义的主要倡导者，法国将法语作为反对英语霸权的象征性语言进行的语言竞争，提供了一种具有全球借鉴性的特殊模式。本研究正是基于以上三点，希望能在前人研究的基础上有所推进，总结和探索法国所坚持的、不同于全球语言同质化的特殊道路，利于全球语言中具有独立语言文化品格的、与法语有着相同利益诉求的语言效仿。

第一节　法语特殊的语言地位

法语对自身各种维度的评估非常全面，每年官方公布的各种数据是对法语发展状况的最好说明。按照使用的人数，法语是世界第五大语言，排在汉语、英语、西班牙语和阿拉伯语（或印地语）之后，根据 2014 年“法语国家组织”（Organisation Internationale de la Francophonie，OIF）的官方统计，全球有 102 个国家和地区的近 2.74 亿人使用法语，其中 2.72 亿人把法语作为母语或日常生活语言。此外，法语还是世界第三大商业贸易语言、世界第二大媒体信息语言、国际组织第二大工作语言和第二大作为外语学习的语言。据统计，全球约有 6500 万法语外语学习者，主要分布在世界各国的专科学校、高中和高等学府中。

从共时层面来说，法语不仅仅是法国的语言，它的特殊性表现在它更是一种世界性的语言。法语国家组织是 20 世纪 60 年代，法国总统戴高乐为应对第二次世界大战后，法语地位日渐下降，世界影响力逐渐式微而提出并建立的一个国际性组织，是世界“所有说法语的人的共同体”。1970 年，21 个法语国家在尼日尔首都尼亚美召开的会议上签署了成立文化技术合作局宪章（L'Agence de Coopération Culturelle et Technique，ACCT），这标志着法语国家组织的成立。首届“法语国家首脑会议”于 1986 年召开。此后基本上每两年举行一次首脑峰会。多年来，法语国家组织已经从一个松散的组织发展成一个多功能的、全面的国际组织。截至 2019 年，该组织已经有 54 个正式成员国、27 个观察员国家、7 个准成员国。这个世界性的组织使法语关涉了世界人口的14%，世界商业总量的20%（OIF，2014）。

与其他世界性的语言（比如英语、西班牙语）不同的是，在法语圈中，法国是该语言的绝对主导者，它不但在国内不断丰富、优化法语，还积极与加拿大、比利时等几个重要的法语国家共同制定法语在世界的使用标准，规划法语在世界各功能领域的地位与作用，并把法语作为法国文化外交政策的载体，传播以法语为基础的文化思想、价值观和生活方式。目前来看，这种用语言嫁接文化价值的规划，取得了成效，1972至2017年，法语国家组织的规模不断扩大，从最初的21个国家增长至54个，而且越来越多的非法语国家不断加入，2017年最新获得批准加入法语国家组织的是韩国。除了被越来越多的国家看重，法语国家组织也逐渐被许多正式的国际组织相中，比如联合国已经将其设为观察员，让其参与众多国际事务的讨论。此外，该组织已不再把法语国家、地区之间加强语言、文化、科技的交流和合作作为唯一重点，而是将法语国家内部乃至世界其他任何国家的经济、政治、民主、人权、地区安全等领域都列为关注的主题，该组织的多元性功能已在国际社会充分展现（卢暄，2015）。由此可见，由法语所代表的国际话语权权重比很多使用人数更多的语种更重，法语的国际话语权无疑拥有特殊的研究价值。我们认为，这种特殊性正是来源于法国积极的语言政策规划，赋予了法语杰出的话语功能。正如宁继鸣（2017）所说，国际话语权作为国家软实力，并不是国家所自然享有的，而是通过主动塑造和国际竞争获得的，其决定着对国际舆论的影响力，决定着一国主导国际事务的权力。笔者将在第一章进一步论述。

从历时层面来说，法语也不仅仅是今天全球化背景下的法语。它从一个法兰西岛的地方性语言成长为民族国家共同语，又经历了第一次殖民时期（16世纪初至1815年）和第二次殖民时期（1830年至二战结束）的全球语言实践，成为洲际乃至世界性的语言。然而，随着全球化影响的日益深远，一方面，英语成为真正意义上的全球通用语，语言同质化的趋势明显，法语文化圈日渐衰微；另一方面，全球化带来的知识、信息、人才的流动，导致了多语环境和多语主义的价值观。法国从单一语言、单一民族、单一国家的传统中逐渐调整语言政策的规划方向，率先竖起文化多样性的大旗，力求保护语言的多样性，并积极推行多语主义的语言价值观，希冀改变世界语言同质化的趋势，促进新的世界语言格局的形成。

2012 年，法国驻中国特命全权大使白林在第一届“中法语言政策与规划比较研究国际研讨会”上说：“全球化进程影响着语言的发展。每个国家也许都需要考虑采取哪些公共政策和行动以应对语言的演变。这些演变或许传达着现代化的气息，或许看上去正在对语言文化遗产的完整性和纯正性构成威胁。对语言是否应加以保护？对演变中的语言用法是否应加以监控？如何面对现代化进程对法语的影响？如何促进法语及文化的推广，但同时又恪守历史的要求。”由此，我们不难看出，法国在积极运用公共政策和行动对法语的守成和创新进行着战略规划，这具有借鉴意义。

笔者认为对法语兴衰历程的描写以及对法国各个时期语言政策的研究，对于全球化背景下的各国语言政策都有借鉴作用。因为全球化背景下，所有民族国家的语言和文化都面临相同的机遇和挑战。

从语言政策与语言规划学科的角度来看，经典语言政策时期，法国的语言政策一直被当作单语制政体的典范（斯博斯基，2011），法国是具有语言规划传统的国家，其语言政策大多是外显型，理性主义的文化传统深深地影响了法国语言政策的模式：崇尚语言的标准化与纯洁化；信奉“好用”是法语的价值所在，也是不断修正和规范法语的终极目标；强调法语正是在更广泛的使用和规范中不断充实发展的。因此，研究法国语言政策在历时和共时层面的演进、发展，并对其价值和产生的影响进行讨论和评价，对丰富语言政策领域的理论与实践具有积极意义。经典语言政策时期①的典型环境是民族国家体系，笔者认为，这一时期语言政策的本质是对各种处在竞争中的语言进行地位的强制性规划，而这一时期的最大特点，就是各种作为国家民族象征的官方标准语的成功规划。但随着全球化的推进，在

① 经典语言政策时期：20 世纪五六十年代，世界经历了经典语言政策时期，这一时期的语言政策主要研究国家、民族领域的语言问题，研究者们着重讨论国家语言规划，致力于解决一系列新兴民族国家的语言问题。然而，这种自上而下的政策力量并不总是有效的。

国家主权逐渐部分让渡给国际、区域组织的今天，语言政策的本质又是什么呢？从法国的语言规划中，我们希望得到这一启示。笔者将在最后一章论述这一问题。

第二节　国际社会对法国语言政策的研究

一　国外的研究及观点

（一）单语制+语言纯洁化

提起法国语言政策，就是它的语言国家主义和保护法语的声势。这个脸谱化的形象是基于学者们过去近五十年对它的历时、共时层面的研究得出的。

博纳德·斯博斯基（Bernard Spolsky）（2011）在《语言政策——社会语言学中的重要论题》中，论述了法国作为典型单语制国家的特点，并指出，早些时候，法国语言管理的主要关注点是法语的净化与推广工作，但是近十年来，法国的语言管理中心一直与英语（特别是美国英语）做斗争，他认为这场斗争仍将继续，因为英语的影响依然存在。而在对法国语言政策目的的分析上，他认同德国语言学家乌尔里克·阿蒙的观点，法国的语言政策从中央集权制的黎塞留政权时代开始，就试图在所有的法国统治区把法语作为统一的、唯一的语言，而近几个世纪以来，法国的语言管理就是要支持人民在法语意识形态上的优越性——光荣的历史和纯洁的语言。但是，国家的语言意识形态并不能完全左右事实上的语言实践，他认为从法国地区语言政策的实施效果来看，可以被看作语言政策无用论的证据，因为地区语言实践仍然存在。

苏·赖特（Sue Wright）（2012）在《语言政策与语言规划——从民族主义到全球化》中，通过对法国国内语言政策以及法国在欧洲以外地区的部分语言政策进行分析，认为法国国内提升法语为国家语言的政策是成功的，而试图把法语提升为法国之外其他国家的通用语的努力是失败的，因为所有的政策都是在法语丧失了科学、教育、政治、文化和经济领域卓越地位的时候才开始的，试图阻止英语使用的举措无论在法国国内还是在法国国外都以失败告终。这些举措包括在欧盟推行多种外语学习计划和在法语国家组织成员国中以投资换语言的做法，赖特认为结果都是悲观而没有成效的。

英国语言学家埃杰（Ager）曾经写了一系列研究法国语言政策的文章和著作。1996 年出版的《英国和法国的语言政策：政策制定过程》（*Language Policy in Britain and France*：*The Processes of Policy*）一书，通过对比英国和法国语言政策的制定过程、制定机构、协商组织的区别，语言法律法规框架体系的区别，以及贯穿其中的语言意识形态的差别等，来分析、诠释语言政策从制定、实施到反馈、评估过程中的各影响因素。这部著作对法国语言政策下的深层社会现实进行了揭示。埃杰对法国语言政策的观点是建立在英法两国的语言政策对比研究基础之上的。1999 年的《身份认同、安全诉求与形象塑造：法国与语言》（*Identity Insecurity and Image*：*France and Language*）一书聚焦法国对内对外的语言政策，指出身份认同、安全诉求和形象塑造是法国制定所有语言政策的主要动机。2001 年的《语言规划及语言政策的动机研究》（*Motivation in Language Planning and Language Policy*）则进一步立足于欧洲各国的语言政策，试图从认同、意识形态、形象、安全感、公平、融合性和工具性等维度构建语言规划及政策的内在动机机制。

Dawn Marley 的《法国和法语世界的语言认同与政策》（*Linguistic Identities and Policies in France and the French - Speaking World*）论文集，介绍了比利时、加拿大、摩洛哥、马格里布地区和其他法语国家和地区的语言问题，揭示了前法属殖民地英语和法语地位的此消彼长趋势。

Robin Adamson 2007 年发表了《保卫法语：陷入危机的语言》（*The Defense of French*：*A Language in Crisis*）一书。描写了法国政府面对法语危机采取的一系列保护法语的行为，设立的各种保护法语的机构组织及其活动。提出与其说这是法语的危机，不如说是法语世界中那些以前讲法语，现在逐渐摒弃法语的人对法语的身份认同的危机。所以，作者认为并不存在什么真正的法语危机，与其靠政府不遗余力地利用严苛的政策来保护法语，不如让国内的人民真正接受多语主义语言观，建立真正实现民主语言交流的法语世界。

在英语世界学者们对法国语言政策的一片批评和唱衰舆论中，也有少量警示性质的文章。比如，Alastair Pennycook 2011 年发表了《法兰西学院与英语语言意识形态》（L'Academie Francaise and Anglophone Language Ideologies）。认为在以往的英语话语体系下，法兰西学院是语言保护主义的象征，是法国语言意识形态的制造者。但通过重新对法兰西学院的功能和职责进行深入的分析后，他认为，法兰西学院其实是法国语言意识形态的产物，而非制造者，它的语言纯洁工作近五个世纪以来一如既往，并为法语的本体规划做出了贡献。相比之下，英语已经被由过去一些数据支持下的陈词滥调推上了某个位置，比如充满借词的语言、全球的语言、民主的语言等，但这对于英语的发展来说是很危险的。这篇文章暗示了某些观念和认识的转折点或许即将到来。

（二）语言人权＋法语全球推广

法国 20 世纪六七十年代以后的语言政策，在法语圈日渐式微的背景下，随着法语国家组织的建立，在抵制英语全球化的过程中，提出强调语言人权和世界文化多样性。我们来总结一下这一时期的法国研究者是如何看待本国语言政策的。

法国语言学家克洛德·海然热（Claude Hagège）于 1996 年和 2012 年分别发表了著作《语言人：论语言学对人文科学的贡献》和《反对单一语言》。如果说《语言人：论语言学对人文科学的贡献》是海然热结合自己广泛的语言实践反思语言学中的一些特有现象的话，《反对单一语言》则反映了海然热对世界语言格局鲜明的态度。他从语言自身的规律出发，强调多元语言观对语言生态系统的裨益，支持法国通过立法来抵制英语的全球化，并分析了选择单一语言（比如英语）作为通用语的危害，强调法国应该在语言使用和语言学习上为多样性而战，并把这种语言多样性看成对盎格鲁－撒克逊人所倡导的自由市场哲学和文化模式的有力反击。

另外，这一时期法国语言政策的集大成者是法语的对外推广和传播。法语国家组织及其官方电视台、电台和杂志都成为法语及法国文化对外推广和传播的重要载体。法国社会语言学家纷纷加入语言对外传播战略的大讨论中来。Louis – Jean Clavet 在《语言战争与语言政治》(*Language Wars and Linguistic Politics*)（1998）中剖析了法语的国际传播政策，同年他在《法国语言政策与法语国家组织》(French Languages Policy and Francophonie)一文中阐述了法国对外推广法语的国家宏观战略。此外，不少语言学家也积极地在法国历史中为现行的语言政策寻找依据和借鉴。Clavet 2017 年在法语国家组织官方杂志（Le Francaise dans la Monde，n°410，2017）的《法国语言政策》专栏中发表了一篇文章“L'Ordonnace de Villers – Cotterêts”(《维莱科特雷法令》)，重新解读了法国历史上的第一部法案——1539 年弗朗索瓦一世颁布的《维莱科特雷法令》(Villers – Cotterêts)，其中第 110 条和第 111 条对法语的使用进行了规定，是法国最早的语言法条。作者从历史层面和法理层面指出这项法令在法国从来就没有被废止过，而且将永远有效，暗示了法国人语言政策和规划的历史传统以及沿革这种传统的决心。面对全球化日益加深背景下法语遇到的种种困境，他认为法国人仍然只能以史为鉴，从过去的历史经验中获得启示，重新让这部法令发挥作用。由此，我们看到了法国人对自己的语言进行管理不仅是一种文化自觉，更是一种文化自信。

近二十年来，法国语言政策在国际国内社会的双重压力之下悄悄发生着改变，开始向多语主义转向。有语言学家对法国语言意识形态的历史流变进行了研究。Lüdi（2012b）《法国历史上单语和多语意识形态的轨迹》(Traces of Monolingual and Plurilingual Ideologies in the History of Language Policies in France）一文，从历时的角度，分析了各时期的法国语言政策和语言实践，梳理出了法国从最初的多语逐渐转向单语，继而又走向多语意识形态的历史轨迹，并分析了转变的影响因素，为近年来法国多语主义的语言政策走向提供了历史的经验。

关于最新的来自法国本土的语言政策研究成果，我们可以从李宇明教授分别于2014年、2016年主编的《中法语言政策研究》第一辑、第二辑来窥知一二。这两本论文集收录了来自法国官方和民间学者对本国语言政策规划的最新研究信息。关于法国官方的调查研究，我们可以从法语及法国境内语言总司的官员总结发言中有所了解。格萨维耶·诺尔特（法语及法国境内语言总司总司长）在《全球化背景下语言身份的保护》（La preservationdes identités linguistiques dans le context de la mondialisation）中分析了全球化必然导致多语主义诉求，他认为语言具有双重功能，它既是交际工具，也是身份标志，在全球化的今天，作为交际工具的语言趋于统一化，而作为身份标志的语言则趋于多样化，他认为多语主义是对市场全球化效应、社会国际化效应的抵抗反应，也是身份诉求引发的语言分化运动，所以他认为应当制定一个以使各语言共存为目标的语言政策，避免强势语言击垮弱势语言，他的观点代表了法国语言政策的制定方向：一方面致力于丰富法语、保持其生命力，另一方面监管法国境内不合目标的语言现象。

让·弗朗索瓦·巴尔迪（法语及法国境内语言总司副总司长）在《关于法语使用的宪法与法律框架》（Le cadre constitutionnel et légalrelatif à l'emploi de la langue française）中介绍了法国语言立法的法律体系和总体框架，他认为法国的语言立法体系是双向规制的，既规定了法语的使用规范，同时又通过丰富法语的立法体系使法语不断丰富，不至于因规范立法太多让法语变得裹足不前，无法适应日新月异的需求。他同时也分析了《法语使用法》（又称《杜邦法》）产生的社会条件，否认《法语使用法》像外界宣传的是一部纯洁化法语的法律，他认为《法语使用法》是为了“确保法国公民和选择学习法语的人在法国领土上享有使用法语的权利，这项可以使用法语表达和接收信息的权利适用于消费、工作、教学、广告、交通、研讨会等多个领域”。最后他指出了《法语使用法》面临的困境，比如以英语为精英教育教学语言的趋势、出版和发表国际性的科研成果时使用英语的比例不断提高、外企中英语的使用引发新的不平等等。巴尔迪认为《法语使用法》在面对这些领域的语言实践状况时也存在执法困境，长此以往法语传播和获得知识的功能会有削弱的风险，法语的表达力也将受影响。

贝内迪克特·马蒂尼《语言如何适应当代社会现实和公民需求》（Comment adapter la langue aux réalités cotemporaines et aux besions des citoyens）则指出了目前法国政府主要的语言发展方向，一方面发展科技术语以努力适应社会需求，另一方面发展行政用语以利于提高国家的行政效率和促进社会的安定团结。来自马赛大学的乔治·丹尼尔·维克尼克在《法语海外推广的社会语言学和教学法问题》（Enjeux sociolinguistiques et didactiques de la diffusion du Français à l'étranger）一文中则剖析了法国语言传播与文化传播的差异性，语言的对外传播，往往受到法语发展的历时性影响，而文化传播则是加载在语言传播身上的外交策略，而且这种外交策略受共时性的政治策略的影响较大，并映射出法语的传播之所以会以文化传播这个附加值为主导，是因为相比于法语的功能性，文化价值更具有吸引力，同时他呼吁，全球化背景下法语的传播应重回对外法语教学法，解决法语对外教学中的诸多实际问题。法兰西学院院长加伯里埃勒·德·博豪格利在《保持法语的生命力》（Maintenir le français en état d'exercice）一文中重申了法兰西学院在维护法语方面的一贯立场，包括规范法语作为官方语言的使用，强化它的权威性，同时加强术语、翻译的准确性，可以说在功能和职责上，法兰西学院沿袭了纯洁化、规范化法语的建院宗旨，代表了关于法国语言政策的最传统的立场。

让·萨勒-鲁斯托在《教育系统中的方言》（Les langues regionalsdans le system éducatif）中总结了法国区域语言政策的历史变迁和最新的成果。如何解释不同时期人们对待方言的态度存在的差异呢？为什么之前消灭方言，而现在人们可以接受在学校中教授方言？他认为从这一点看，法国是一个让人惊奇的国家，事实上这与世界意识形态的变迁，以及法国国内政党的政策取向关系密切。

贝妮蒂特·马蒂尼埃在《法语丰富过程中政府的作用》中指出了法语在应对语言现代化的过程中遭遇的通俗化、简化主义的困境，并描写了政府防止语言简单化的主要政策，揭示了法国语言政策中“丰富法语”这一传统政策的根源，也让人对现代法语在应对语言现代化过程中出现的矛盾在各种语言关系中凸显出来。

伊马·托尔·福斯在《法语：分享的语言》（Le français，une langue en partage）中介绍了法语国家组织的建立与发展历史，并对其性质和意义以及世界上其他国家对它的误解进行了分析，由此指出法语是抵御单一语言文化的象征和关键，它是大多数成员国选择的语言。同时，他指出法语在各法语区的使用具有多样性，与此同时，他还列举了新时期法语国家组织的六大目标，包括提升法语使用价值、开发法语语言资源和促进国际间的多边行动等。安德烈·蒂博的《全球法语多样性》（Les variété de français dans le monde）则简单介绍了法语各种地域变体的情况，对其规划成果，词典、辞书、数据库的开发情况也做了简介，表明法国已经开始关注多中心的法语发展状况。

国外的研究文献主要集中在两个阶段。第一个阶段，是 20 世纪 90 年代末和 21 世纪初，这个阶段主要探讨法语在应对英语成为全球通用语过程中的各种政策行为，侧重于分析法语从强势语言走向弱势语言的文化心理动因和行为机制。这一时期，保卫法语的呼声很高，而反对和剖析保卫法语背后的霸权思想的呼声同样很高。此外，这一时期，关于法语的对外传播和推广策略的研究也较丰富，包括法国在前殖民地国家的法语海外教育、在国际组织中的语言政策等。第二个阶段，是 2008 年至今，这个时期的文献主要集中在对多语主义语言观的探讨和论证，强调为应对全球化日渐深入，必须加强法语的使用功能，尤其是在信息、科技、术语、翻译等领域，同时，在欧盟、联合国积极推行文化多样性原则。这一时期的文献多来自政府官员的工作报告，代表了法国语言政策的最新进展和愿景，但宏观质性研究较多，微观量性研究较少，缺乏对第二个阶段语言政策的深度分析和评价。而这正是本书将要展开的内容。

二 中国学者对法国语言政策的研究旨趣

中国学者对法国语言政策的直接研究成果并不多，这与语言政策研究的初兴以及法语在国内的小语种地位是息息相关的。但我们从对法国的传播学、政治学、外交学、国际关系、公共政策等领域的研究文章中能看到相当多涉及语言政策的内容，这也从侧面证明了，法国的语言政策是其政治、文化、传播、外交、国际关系和公共政策的重要组成部分，是实现政府意图的重要调控手段。本书也参考了这些领域的大量研究成果，希望能辅助理解法国语言政策的内容与特性。

周庆生2001年编撰出版的《国外多民族国家语言政策与民族关系》，专章介绍了法国的语言立法，重在借鉴法国的民族语言政策，并重点介绍了《法语使用法》的相关内容。《法语使用法》是中国学者比较关注的热点之一，《法语使用法》可以说是迄今为止世界上唯一一部以语言使用为规范内容的法律，对语言行为进行了最全面的规范，可以说是真正意义上的"语言警察"，也是世界上以保护官方语言纯洁性为目的的最著名的语言法律。这样一部法律的出台与应用，为很多国家对标准语的规范与管理提供了思路，中国的汉语面临与法语非常相似的国内国际语言环境，对《法语使用法》的介绍与解读是中国学者的共同旨趣。但是这部书是以概况为介绍目的的，并未对该法进行深入解读，也未涉及对其实践状况的研究。2003年编撰出版《国家、民族与语言——语言政策国别研究》，其中"法语的推广与传播"一章介绍了法语的世界传播和语言行动，着重介绍了法语国际推广机构及其相关政策。

戴曼纯、刘润清等2012年的《国外语言规划的理论与实践研究》中的法国部分，详细介绍了法国的主要语言政策机构、20世纪中后期重要的语言立法和语言政策，揭示了法国语言政策由紧到松的历史轨迹。

李克勇也写了一系列关注法语发展的文章，《关于法语的命运论述》(2004)、《论英、法语的互动与得失》(2006)、《法国保护法语的政策与立法》(2014)，分别从法语的发展历史、英语和法语的接触与变异，以及法国采取的应对危机的语言政策三个阶段关注了法语的发展趋势。总体的结论是，法国人大可不必担心法语的纯洁性问题，因为活的语言是不惧怕与其他语言接触的，但法国保护法语另一个深层次的原因与政治文化有关，即通过保护语言达到继续保持法国文化在世界的威望和法国的独立性。特别是最后一篇论文从历时的角度，对法国大革命前、中、后三个时期的法国语言政策进行梳理，总结法国保护法语的政策和立法，得出法国力图在全球化过程中确保语言大国地位的结论。

李清清 2014 年的《法国多语制政策的战略意义与意识形态冲突》揭示了法国的多语主义政策和与之不相称的单语主义意识形态。

除此之外，还有大量的研究针对法语的对外传播政策。

王明利、戚天骄（2012），《法语联盟文化传播策略研究》，以法语联盟为研究对象对其语言教学之中渗透的文化传播策略进行了分析、介绍。

栾婷 2014 年的《法国在全球推广法语的政策与措施分析》介绍了法国为保持法语的“大语种”地位，不遗余力地从语言政策和语言教学两方面在全球推广法语和法国文化的措施和策略。

李清清 2014 年的《英语和法语的语言传播对比研究》（博士学位论文）运用传播学理论，利用大量数据来对比英语和法语语言传播模式的差别、未来趋势的发展，是近年来不可多得的系统研究法语语言传播的成果。但作者自己也提出了一些问题，由于法语文献的缺乏，使用的大多是英文文献，所以一些数据存在很大的出入。该论文对英语的传播贡献应该是很大的，但在法语的研究中，不得不说存在一定的缺憾。

曹德明 2010 年的《从历史文化的视角看法国与非洲的特殊关系》，论述了法国和非洲在语言问题上的历史文化渊源，解释了法国海外语言教育政策的历史脉络。

较新的研究是王秀丽、王鹏飞 2016 年发表的《法国语言规划的新动态》。该文参考了法国政府的《法语使用报告》，简单梳理了法国语言政策在外语政策、传播政策等方面的具体措施和实施效果，但没有具体分析和依据语言政策理论进行评价，也没有具体的数据支撑。

郑朝红、王梦 2006 年的《近现代世界通用语的变迁——以法语、英语为例》提出从现代法语和英语国际地位的变迁可以得出三点。其一，某一国语言是否成为世界通用语取决于其政治、军事、经济、文化、科学技术实力等因素。近代早期，军事、文化是决定一种语言是否被国际社会认同的重要因素。在现代社会，经济、科技是决定一个国家语言国际地位的最重要的因素。其二，世界通用语的发展过程也是世界一体化的过程。殖民征服、商贸往来、行业标准都是推动世界通用语形成和发展的有力武器。法语和英语成为世界通用语是法、英两国殖民政策的产物，也是全球化的产物，同时它们又有力地推动了全球化的进程。其三，世界通用语的使用、流传、影响与国家兴衰相比有一定的滞后性。

国内的文献中，研究局部问题的篇目较多，全面的专著研究很少；从法语教学、语言文化传播、政治外交策略角度谈法国语言政策的文章多，对其在语言政策学科领域的意义及贡献的研究少；对法语的国际传播和推广及其语言规范化政策的研究较多，对法国国内的语言教育政策以及法语与其少数民族语言政策的研究较少，对法语在国际组织、世界媒体信息领域、商贸和文化领域使用情况的研究都很少；质性的研究较多，量性的研究比较少。最主要的问题是，介绍罗列各种语言政策的研究多，而分析这些政策背后的理论问题的研究少。

最后，我们不得不提一下，李宇明在《中法语言政策研究》的序言“回顾与展望”中指出了研究法国语言政策新的方向和价值取向、法语国家与华语圈超越本土的相似性，并提出关注中国的海外语言政策问题，提出世界语言治理概念，并在维护语言多样性、语言权利和外语学习问题上倡导包括中国、法国在内的重要大国参与世界语言治理。本书正是基于这样一种愿景，有针对性地对法国语言政策进行研究，希望能对国内的语言政策研究有借鉴作用。

第三节　研究思路及目标

一　本研究的思路

本研究分为六个部分。第一部分，引入法国社会学家布迪厄的语言符号权力理论，解释法国语言政策制定、实施、成效的理论原因。第二部分，对法国语言政策的主要规划对象法语标准语的形成和立法过程进行梳理。第三部分，对法语标准语的规范化进行历时的梳理和共时的分析。第四部分，对法国的政策机构、立法机构进行介绍，并对协调过程进行揭示。第五部分，通过分析近十五年的《法语使用报告》，量性研究法国语言政策的阶段性变化以及趋势。着重分析经济社会生活语言政策、移民语言政策、区域语言政策、国际组织语言政策。第六部分，总结法国语言政策的三个历史截面，提出全球化背景下法国语言政策的多语主义转向，构拟语言符号权力观下的语言政策模型。

二　研究目标

（一）评述语言政策的成效

判断一项语言政策成功与否，不同的评价角度会有完全不同的结果，比如斯博斯基认为法国的地区语言政策是失败的，因为法国的语言实践是多语的，并没有成为真正意义上的单语国家，被严重打压的地方语言仍然存在，苏·赖特却认为法国国内的语言政策是成功的，因为法语是成功的国家标准语的典范，其传播主流价值观的作用是不容置疑的，法语的国际传播和试图成为全球通用语的政策却是失败的。中国的不少研究者认为，法语的国际传播政策是孔子学院的榜样。所以，单纯说某项语言政策成功与否并没有参考价值，而是往往取决于研究者的参照对象。本书希望对比语言政策的制定初衷与语言实践之间的差距，给出关于语言政策的评价依据。

（二）揭示语言政策对语言生活的影响

语言政策从来都不仅仅影响语言本身，往往反映的是错综复杂的社会问题。比如外语教育政策，一个国家的外语教育政策能够反映国家对外开放的程度和应对全球化的能力。掌握多种语言有助于个体发展。任何一项外语教育政策都离不开教育和社会发展计划。2013 年，法国驻中国特命全权大使白林就说道："我们必须清楚的是，语言教育政策与社会问题密不可分，因为语言教育政策的选择、其设定的重点和目标涉及社会的各个环节，如社会主体、市场与就业、年轻人的社会融入、获取知识的质量，以及终生学习，等等。"所以，研究法国语言政策，也应了解每项语言政策背后映射的社会语言问题，厘清语言在这些社会问题中所发挥的正面调节功能，总结这种规律也是本研究力图实现的目标之一。

（三）为国内的语言政策研究提供借鉴

在本研究中没有单章专门论述其对汉语的借鉴意义，这是因为，一方面，笔者对国内语言规划学识浅陋，不敢妄自评论借鉴，另一方面，比较借鉴方式也可以通过对客体进行详尽的描写与分析来间接达到。最后，笔者想引用老师李宇明先生的话，来描述借鉴研究的广阔空间："汉语在使用人口上是最大的语言，拥有大华语文化圈，法国语言政策在很多方面有许多经验可以和中国分享。怎样在国内外扩大本国通用语的影响力，怎样处理国家通用语言与少数民族语言的关系，怎样看待外语的学习与使用，怎样对海外的同一语言世界（海外法语国家，海外华人世界）进行语言协调，再如，怎样互相支持法国的汉语教育和中国的法语教育，怎样面对英语强势、语言多样性、语言濒危、语言保护、移民语言权利、虚拟空间的语言协定等国际社会的语言问题，这是可以互相协调的。"（李宇明，2014）

第一章　符号权力理论与法国语言政策

第一节　布迪厄与符号权力理论

皮埃尔·布迪厄（Bourdieu Pierre，1930－2002）是法国著名的社会学家、哲学家。他的理论中关注到了语言问题，集中思考语言问题的著作有《语言交换的经济》和《语言与符号权力》①。布迪厄对语言问题的重视，与西方哲学研究的语言学转向时期有关。一般认为，西方哲学研究经历过三个阶段：本体论阶段、认识论阶段、语言哲学阶段。哲学家对语言的关注由来已久，特别是索绪尔的现代语言学诞生后，引发了近代人文科学与社会科学的语言学转向。如果说结构主义在许多方面是索绪尔引发的一个结果，那么布迪厄的思想可以说是法国结构主义的一个结果（朱国华，2015）。

值得一提的是布迪厄其人和他的学术环境。布迪厄1930年生于法国南方一个小镇，父亲是乡村邮递员。1951年他考入巴黎高等师范学院。美国专家施瓦茨评点："由于布迪厄来自法国最偏远的西南山区，他在高师学生中，属于极少数的贫寒子弟，这些外省学生没有任何文化与社会优势可言。"布迪厄生活的时代正好与法国语言政策的变革期（1958年至今）相吻合，他的语言背景反映的正是地方弱势语言与强势巴黎法语的权力关系，

① 《语言与符号权力》（*Language and Symbolic Power*）是约翰·汤姆森（John B. Tompson）1991年对布迪厄的《语言交换的经济》（Ce que parler veut dire—L'économie des échanges linguistiques）的英文编译著作。

笔者认为，法国语言的现实状况应该是布迪厄演绎其理论的重要蓝本之一，因此，在研究法国语言政策事实的同时，希望考察共时层面的思想者是如何看待他所身处的语言环境的本质属性的。

布迪厄关注的语言本质并不是语言学家经常探讨的普通语言的内在或外在结构，他思考的是语言的社会实践。在他眼里，语言学家在语言中试图寻找的某种东西，实际上是社会关系中的东西，他甚至觉得语言学家是在从事社会学家的工作。也就是说，布氏更关注语言的社会功能，他认为语言学家研究的语言，是去除掉了语言社会性一面的抽象的理想的语言，而这种语言在现实社会生活中是不存在的。

对结构主义语言观的反思和质疑，引发了他对语言社会层面的关注和思考。因此，他反对索绪尔在纯粹语言学层面对语言的二元对立划分（Hasan，1999；Collins，2000）。他反对语言学的唯一的、真正的对象是语言和为语言而研究的语言（索绪尔，1980：232），反对研究一个自身规则一致的语言体系的语言学才是“真正的、学科的语言学”，而不是个人行为的话语（索绪尔，1980：29~30），更不赞成他对“语言”和“言语”的界定，即认为语言是整个言语社团共有的、静态的语言系统，是超越个人的，而言语是单个言说者在现实生活里使用的系统。布迪厄认为索绪尔的这一划分表明他忽略了社会历史条件对语言的影响，也忽视了在历史过程中言语的运用能改变语言体系这一事实（Bourdieu，1990）。

布迪厄反对索绪尔的语言模型，因为他认为如果按照索绪尔的模型及其预设，那就要把社会世界看成一个符号交换的领域，并且把语言行为简化为一种交流行为，而在布迪厄看来，语言不仅是交流工具，更是一种行动和权力工具。他认为在日常生活中，语言很少被作为单纯的交流工具，更多的是被作为一种象征性权力，在语言市场上，在语言交换的过程中，追逐着最大化的象征性利润。“我们大多时候认为语言是来传递新信息的，而事实上单纯以这个功能进行的语言活动非常少，因为人们在表达信息的时候，不可避免的还在交流着语言态度或表达风格，而这些态度或者风格则具有着社会价值和象征性。”（布迪厄，2005）

布迪厄通过对索绪尔、乔姆斯基、奥斯汀和其他学者的批判，发展了他的语言和语言交换的实践理论，他的研究旨趣不在语言学的句法结构或者规则，而是关注语言的社会功能或效用，即语言在实践中呈现出来的权力问题。

人类对语言（符号）与权力的关系已做过长期深入的思考。蕴含于语言（符号）之中的权力问题，已构成当下诸多学科的重要研究内容之一，比如翻译研究、社会语言学以及文化社会学等。在诸多研究者中，布迪厄显然是研究语言与权力之间关系的代表性人物。布氏的研究力图使世人认识到：语言关系总是符号权力关系，权力隐身为各种符号资本，并附着于语言之中。因此，他力图揭示在语言实践中始终存在却又往往难以辨认的符号权力及其支配作用。为此他提出了一系列原创性的概念：语言市场、语言资本、符号资本、符号权力、语言权力等。布迪厄的语言符号权力理论主要是基于他的政治和社会关怀，他希望从人们的语言实践中看到背后的社会学规律，但我们也必须意识到，对于其他学科，比如语言学、翻译研究等，尤其是在语言政策研究领域，无疑也具有非常深远的意义，需要我们广泛深入地加以研究。

下面我们将具体分析布氏符号权力理论中的相关概念，及其与语言政策研究的关系。

第二节　布氏理论的相关概念

1991 年约翰·汤姆森主持编译的英文版《语言与符号权力》体现了布迪厄关于语言与符号权力的主要观点。在该文集中，布迪厄不仅深入地探讨了符号权力这个概念，而且深刻地分析了语言作为政治实践在建构、维持权力以及灌输知识与信仰方面的运行轨迹（傅敬民，2010）。2005 年由褚思真、刘晖翻译的《言语意味着什么——语言交换的经济》中文译本由商务印书馆出版。这两部书都集中体现了布氏的语言符号权力理论。我们先来看看相关的重要概念。

一 施事话语与言语行为理论

布迪厄认为语言不仅仅是交际工具，更是行为与权力工具，具有施事能力。这种对语言本质的思考受到了哲学家 J. L. 奥斯汀“言语行为理论”的影响。奥斯汀的《如何以言行事》在 1962 年出版，这标志着言语行为理论的创立。在该书中，奥斯汀做出了述谓句和述行句的著名区分，述谓句是一般的陈述或描述的句子，有真假之分，而述行句是具有行事能力的句子，也叫施为句或施事话语，这些句子一般没有真假之分，大都含有许诺、道歉、命令等动词。比如“我将这艘船命名为伊丽莎白女王号”“我打赌明天会下雨”等，这些句子并不存在真假值，也并不是描述，它实际上是一种以言行事的方式，也就是说，人们在说这些话的时候正是在进行一种行为。但奥斯汀认为述行句的成立必须依赖三个条件，即必须存在允许某种人在一定环境下说某些话并且具有一定约束力的、双方都接受的既定模式，而且特定的人和环境必须适于这种既定模式；所有参与言语行为者都必须正确而完全地遵照这种行为模式；说话者必须言自内心而且言出必行。但布迪厄认为奥斯汀并没有充分理解自己提出述行句这一概念的重大意义，因为奥斯汀把述行句的适用条件仅仅限定在语言的逻辑范围内，并没有考量它成立的社会条件，而这正是布迪厄从中看到的。布迪厄认为述行句的适切性实际上是从外部被强加的，即某个集团的代表人，如果说话被认为是有权威的，那不是因为其发言比别人更符合语法规则，而是他是被授权可以这样说的。反过来，如果一个并不是被选出来为伊丽莎白女王号命名的人站在船头这样宣称，要么这样的行为不能成立，要么会认为说话者是个疯子。所以，布迪厄（2005）说：“词语的权力只不过是发言人获得了授权的权力而已，他的发言包括其话语的内容和讲话方式，只不过是一种声明，他声明的是关于赋予他的授权保证。”

述行句概念的提出，和布迪厄对这种言语方式的社会学思考奠定了布氏语言符号权力理论的基础。述行句之所以具有这种魔力，其真正的根源在于职位之谜中，或者说，在于某种授权之中，个人（过去可以是国王、牧师、代言人，现在可以是国家、法律和教师等）通过这种授权可以代表某一集团来说话和行动，因而魔力就在他身上得以构建并且通过他来加以构建，更准确地说，魔力在于职位体制的社会条件中。任命代理人作为集团与社会世界之间的媒介，这一体制把合法代表构建成能够通过语词作用于社会世界的代理人，而且，它实现这一目标，所采用的方法是：除了其他手段之外，通过拥有某些符码或徽章，强调这一事实，即他并非以自己的名义和凭借自己的权威而行动（朱国华，2015）。

看到这里，是否想到了语言家族群中的特殊一员——标准语？布迪厄在以言行事的句子背后发现了一种超语言的社会关系，而这种关系继续作用于语言系统，这次形成的不是一个一个的具有施为能力的句子、话语，而是某种半人工的语言产物，也就是布迪厄所说的合法语言、我们通常所指的标准语。

二 合法语言与语言市场

首先，布氏所提出的合法语言不是指乔姆斯基所说的，符合语法规则的语言，而是“一种创造性的言语，它使其所要说的东西得以成立。这是所有那些施事话语，例如祈福、诅咒、命令、祝愿或者羞辱等，所要达到的终极目的”（布迪厄，2005）。

法国哲学家、社会学家奥古斯特·孔德（1789～1857）曾经说：“语言构成了一种财产，所有人都可以同时使用，而不会使其储备有任何减少，因此，这种财产容许为一个完整的共同体所共享，对所有人来说，自由地参与到这种共有财富的利用中来，这在无意中促进了它的保存。”而在布迪厄看来，孔德把象征性的占有描述为一种参与，可以被普遍、一贯地获取，从而排除了被以任何形式剥夺的可能性，展示了一种语言共产主义的错觉，正是这种理论的影响，使索绪尔无须提出关于语言占有的社会与经济条件问题，而乔姆斯基也是基于语言的普遍性意义，提出了在这个完全同质的语言共同体中，理想的说者和听者都具有普遍的语言能力，从而避开了关于获得这种合法语言能力的经济与社会条件。布迪厄认为语言学家只不过是将一种预先建构好了的语言并入他们的理论中来，从而忽略了这种建构的社会规律，掩盖了其社会起源。

简言之，语言作为资源和财富被占有，是有社会和经济条件的，而语言能力亦是如此，要想获得合法的语言能力，也同样要受到社会和经济条件的影响。既然语言和语言能力都不是无条件的，所有的话语也不是都具有以言行事的适切性，那么某种统治性语言被整个社会认同为合法语言就成为可能。

合法语言就是官方语言。布迪厄说，官方语言就是这样一种统治性语言，既合法又可交流，它能够独立于使用者和使用而存在，这种语言所具有的特征非常符合索绪尔所言说的语言。官方语言受益于制度性条件，这些条件使官方语言获得普遍化的整理与强制推行，它在一定政治权威的管辖范围内被人们了解与承认，反过来，这样的制度性条件也使官方语言保持权威，而这种权威又是保证官方语言的支配性地位的源泉。官方语言的成立则是为了保证语言共同体成员最少的交流，这种交流即经济生产或象征性支配（意识形态的支配）。与官方语言相反，方言就得不到这样的社会经济条件，也不具备以言行事的权力和能力。

国家与官方语言有着紧密的联系。国家在形成过程中，建构由官方语言支配的一体化的语言市场所需要的条件慢慢成熟，伴随着抽象群体——民族的形成，标准化的语言也同步形成，同时催生了相应的语言习性。在官方场合与官方场所中，这种国家语言是必须使用的语言，因此它成为一种理论规范，一切语言实践都要接受其客观的衡量，这种语言法则有其“法官群体”（语言学家）以及进行管理与推行的“代理人”（教师），他们被普遍赋予了权力，对言说主体的言说行为进行检验，并使之得到有关学术资质的法律认可。

对于语言竞争，布迪厄认为，为了使一种表达方式在其他表达方式中把自己作为唯一的合法者予以强制推行，比如在双语地区推行某一种特定的语言运用，语言市场就必须统一，阶层、区域或族群的不同方言必须受到合法语言或用法的实际衡量。语言市场的统一形成单一的“语言共同体”，语言共同体由政治支配各种制度不断再生产出来，这些制度又反过来能够加强对支配性语言的普遍认同。对于各种语言竞争关系来说，向着单一的语言共同体的一体化方向演化，才是其得以建立的条件。

那么怎样才能形成一体化的语言市场呢？虽然布迪厄在论述时强调了政治上统一意志建构的强大作用，但他也指出，政治不是造成支配性语言普及化使用的唯一因素，他认为这种语言的合法化伴随着经济的统一、文化生产与流通的统一，也就是说，必然伴随着这种语言所带来的经济、文化的流通。在这个观点上，笔者认为布迪厄指涉的是，合法语言的使用者往往是为了追逐这种语言在市场上带来的更便利的经济、文化的流通性，而不仅仅是由于政治制度的强迫。这一点可以用法语作为例子进行解释，法语在作为合法语言的最初，是法兰西岛的方言，虽然法兰西王的政治意志有主导作用，但法兰西岛经济、文化以及人口的繁荣发展也是促成法语成为标准语的重要考量维度，人们选择法语也是出于经济、文化的统一性的考量。

在这里，布迪厄提出了“同谋关系”这个概念，他认为对于那些服从于象征性支配的人们来说，所有的象征性支配都预设了某种形式的同谋关系的存在，这种同谋关系既不是对外界强制措施的被动服从，也不是对价值观的自由信奉。笔者认为这很好地解释了除了认同以外的语言选择的动机，或者说是对标准语进行语言选择的动机，是基于一种同谋关系。布迪厄是这样论述这种同谋关系的：对于官方语言合法性的认定，既不是一种信仰行为，也不是简单地对一种“规范”有意识的接受，这种认定是一种实践状态，印刻在各种性情倾向之中，要经过一个漫长的获得过程，不停地被语言市场所调整，因而，它既不是经过斤斤计较的算计就可以改变的，也不是通过强制就可以调整的，它是作为一个特定市场特征的价格形成法则客观地提供给特定语言资本拥有者象征性利润。

布迪厄在这里很明确地提出了人们对合法语言这种象征性支配进行选择时的语言态度，并进行了分析，他认为这种语言选择态度对通常的自由与强制的二分法提出了挑战，即人们在选择合法语言时，既不能基于自由，也不能基于被强制。这给我们制定语言政策提供了非常重要的视角。而正是这种特殊的态度，使得合法语言并不会成为一种象征性暴力，因为象征性暴力的存在是基于言说者感知得到这种胁迫的存在，而其他对此视而不见的人是不会感觉到象征性暴力的。因此，我们可以理解法国当代语言实践中保卫法语的斗争，法语使用者感受到英语这种支配性象征的胁迫，提出了法语保卫战，是对英语这种象征性暴力的反击。但是法国也有很多反对的声音，那些在英语的统一市场中具有同谋关系的人，并不会感受到英语的暴力，他们会认为保卫法语是一种纯洁性倾向，是为了维护合法语言的既得利益。

值得一提的是，布迪厄的语言理论具有强大的挪用潜力，所以我们不必仅仅把合法语言理解为某个国家的官方语言，我们可以把合法语言视为在某个特定时空中占据支配地位的语言系统，这既可以理解为语言的诸多要素本身，例如语音、语法、词汇，也可以理解为更广阔地理空间的语言竞争关系，比如全球化背景下一些具有国际影响力的语言（如英语、法语等）。由于国际组织的政治作用不断扩大，与这些国际组织的利益相适应的合法语言也会逐渐产生，以便在更广阔的语言统一市场中发挥作用。

最后，如何使一种官方语言得以建构、合法化和推行呢？布迪厄认为起决定性作用的是语言教育体制，布迪厄认为教育体制在所有国家体制中担保了合法语言的合法效用。并且，在教育体制中“塑成了各种相似性，从这些相似性中，那种作为民族黏合剂的意识共同体得以产生”。这反映了教育不仅是生产合法语言的方式，也是生产共同或相似的意识形态价值观的方式，在这个体制中，教师起到了非常重要的作用，教师是教授语言的，也教授如何思考，因而他们所从事的是建立民族共同意识的活动。

正是由于教育体制的存在，布迪厄提出口语和书面语的价值高下可以分层。因为教育体制的存在，隐含了普通会话语言是低等的，与之相对的书面语言被认为是正确高级的语言，而统治着书面语言的符码（cipher）也通过教育制度获得了法律的力量。教育体制通过设置考试等形式，使得合法语言的符码成为一切语言实践的标准，使得言说主体将其特定的语法规则内化为普遍的语法规则。

布迪厄说，在整个19世纪，教育制度的运作规模在范围和强度上都有所增加，毫无疑问，这有助于直接降低大众通俗性表达方式的价值，将其作为“俚语”和“无法了解的话”而予以摒弃，并强加一种对合法语言的认同。正是因为这样，教育系统与劳动力市场存在的辩证关系就表现为，教育（语言）市场的一体化为后者提供了全国通用，不受阶级、地区特性限制的教育资格证书，而劳动力市场（主要包括国家机关和行政机构）的一体化又为排斥方言、建构语言实践的新等级扮演了一个关键性的角色。简言之，教育系统再生产了合法语言的合法性，因此也有效地支持了保障合法语言的国家体制。这里给语言政策中教育政策的制定提供了合理化的方式。

三 语言能力区分与语言市场运作

在个人语言能力方面，布迪厄认为稀缺的并不是普遍的语言能力，而是讲出合法语言所必需的能力。由于合法语言能力依赖于社会继承，所以它把社会的区分性转译为语言的“区分”。

在布氏的理论中，社会区分性是指个人的家庭社会阶层，可以粗略地划分为资产阶级、小资产阶级和底层阶级，各人的语言习性由于自己的家庭熏习、所能获得的教育研习和阶级属性等的不同，也呈现与社会区分性大体相一致的“区分”。布迪厄认为，资产阶级的语言习性是自信和过度修饰，原因是语词资源十分丰富；下层出身的人则正好相反，语言男性化或者接近自然的表达式，拒绝形式的强加与风格化，强调的是身体性的话语方式，比如声音粗狂，对关于身体部位的词不使用礼貌的形式等；小资产阶级的语言特点是，对自己和他人的语言正确性极为敏感，语言表达忐忑，原因是小资产阶级的分裂性，他们希望拥有的能力却不是他们自身所属的社会阶层拥有的，要通过对合法语言的实践来努力掌握才能获得，所以小资产阶级的语言总是充满了不断迎头赶上的紧张感。正是由于语言之间存在区分（也许是由社会区分继承下来的），拥有的合法性语言能力的多少就成为语言资本（linguistic capital），即在特定的语言市场中生产适切话语的能力。这种语言资本是控制语言价格塑形机制的权力，可以在社会交换中获得"区分"创造的利润。而且语言资本的分配与个体在社会空间中的其他资本（经济资本、文化资本）的分配方式息息相关，说话人拥有的语言资本越多，就越能有效地利用差异带来利润。因为，那些分配最不均衡的语言表达形式总是最有价值，并最能够确保高额利润。一方面不是所有人都能获得这种语言表达能力，另一方面这样的语言表达形式在该语言市场中并不多见。因此，言说者在再生产语言表达时，会或多或少地考虑到语言产品被他人接受和估值的语言市场条件，这样，一个有社会语言秩序的语言市场就被建构起来，在这样的语言市场中，说话人对语言市场条件进行审视，预期语言产品的受欢迎程度，最后约束自己改进语言再生产。由于期望语言产品被恰当地接受，说话者会含蓄地、习惯性地修正自己的语言表达方式，这种在象征性生产中自然采取的预期性的"自我审查制度"，不仅决定了说话的方式（包括语言的选择、双语情况下的语码转换等），也决定了哪些东西是可以说的，哪些东西是不能说的（比如禁忌语等）。当然，拥有不同社会背景的个体认同语言市场的程度和方式不同，但都以他们的方式融入这些语言市场。

注意，我们看到布迪厄的理论建构模式就是一种建构主义的结构主义，或者说是结构主义的建构主义。他认为社会结构是生成性的，一方面社会结构对行动有影响，另一方面社会结构又是在行动中形成的，是不断改变的。所以说，结构可以决定行动者，而行动者也可以形塑结构（俞炎燊，2007）。

布迪厄认为任何事物都是在共时与历时的生产和再生产过程中呈现动态变化的特征，社会结构中的各种社会关系在象征性实践活动中得以不断建构。作为布迪厄理论的重要模块，生产与再生产的观点体现出他对事物固态特征的否定态度。通过生产机制，经济资本、文化资本、社会资本和象征资本等不断地经历生产和再生产过程。所有资本的再生产最终都转化为象征资本的再生产，并进一步转化为场域中抽象的文化特权再生产和社会等级再生产等。受此影响的社会主体生存心态，也由此呈现不同的特点（张燕，2015）。

还要注意的一点是，由于语言资本部分源自相关能力的稀缺性，所以这种利润并不是仅仅通过提高训练成本就能获得。

四 符号权力关系的基本法则

通过对以上概念的介绍，我们对布迪厄的语言实践有了一定的认识，即特定的语言实践是具有一定语言资本的说话人在自己的语言习性的引导下，被特定的语言市场塑形的结果。语言市场与经济学领域的市场相比，它的特殊性体现在，语言市场中，言语的生产者与消费者之间的语言交换既是一种经济交换关系，也是一种权力关系：种种言说不仅是有待理解和解码的符码，是希望得到赞美和欣赏的财富的符码，还是被相信和尊崇的权威的符码（朱国华，2015）。所以，语言市场是个特定的市场，它总是遵循适应它自身的，不可以化约为经济原则的特定逻辑。那么语言的权力关系运作有哪些普遍性的法则呢？

其一，语言市场的支配关系体现在合法语言与非合法语言的区隔中，比如法语与布列塔尼语、巴黎法语与地方法语、食品商标中的法语和英语、广播电视节目中的法语和区域语言、劳动合同中的法语与其他语言等。不同场域（领域）中都存在多种语言的竞争，因而都各自存在合法语言与非合法语言，在语言交换的时候，总是合法语言更有支配权力。

其二，合法语言的建构，总是有利于那些在特定场域占据支配性位置的人，也就是可以驾轻就熟地使用这种语言的行动者或集团。比如作家可以率先使用某种用法，并使之合法化，而普通人这样做就只能是个人行为；某领域的专家可以规定某个术语为合法语言，但普通人就不能；法语国家组织规定法语是该组织唯一的官方语言，其他参加该组织的国家就必须使用法语，即各社会阶级在语言市场上所占据的位置与他们在权力场上占据的位置具有同源关系。同时也要注意，合法语言的建构也是动态生成性的，是在语言生产和再生产过程中不断建构的。

其三，特定语言的价格不是恒定不变的，它伴随着不同市场与不同权力关系的变化而变化。总的来说，权力关系所强加的合法性越是强大，语言市场的价格塑形法就越是有利于拥有语言资本最多的行动者；合法语言的使用越具有强制作用，语言市场就越具有规范性；语言实践越是依照合法语言的标准，具有合法语言能力的人就越占据统治地位。从这个角度来讲，法国不断增加语言立法的深度和广度，其目标是使语言市场的价格塑形有利于讲标准法语的人。此外，法语对自身的规范和丰富也是严谨、有计划的，这同样有利于维护讲法语的人的语言利润。

最后，我们必须明白的一点是，“语言权力关系并不完全是由占主导地位的语言力量所单独决定的，而是通过所讲的各种语言，通过运用这些语言的人，通过根据占有相应能力而得到确定的某些群体，通过所有这些，整个社会结构在互动中得以呈现”。换言之，就是语言的权力关系是由参与语言市场的所有语言、言说者以及相互之间的互动作用形成的，而且也反映了整个社会结构的互动关系。为了说明这一点，布迪厄探讨了话语场上的一种“屈尊策略”，他举的著名的例子是：在一次纪念贝阿恩语诗人的庆典上，波市（Pau）的市长用贝亚恩语对当地公众发表了讲话，他“标准流利的贝亚恩语”得到了媒体的大力追捧。这是不是说明了被支配语言贝亚恩语在公开场合其实也是可以得到和法语一样的合法地位呢？布迪厄认为，屈尊乃是对客观权力关系的煽情式运用，屈尊者通过否定等级秩序从中渔利，对权力关系的放弃，可以加倍地获得符号利润，因为构成其象征性放弃基础的，是对等级秩序的普遍认同。只有像波市市长这样拥有体制代言人头衔或位置的人，在以这样的方式言说的时候才会使自己的话语价格增值，如果换成一个贝亚恩农民这样说话那只会变得毫无意义。这个经典的例子揭示了语言市场中象征性权力关系的运作过程，也表明了权力的获得必须要依赖语言市场中的其他非强势语言。法国的区域语言政策近几十年来不断由紧到松，甚至被提到了丰富法国语言文化多样性的地位，但是在宪法和《法语使用法》中，区域语言始终仅仅被定义为法国文化遗产的一部分，不会有与法语分庭抗礼的机会。目前宽松的区域语言政策或许是一种屈尊策略的体现，获得的利润是语言资源的丰富、来自国际社会的认同、多元化文化价值观的传播等。

第三节　符号权力理论与语言政策研究

通过熟悉和理解符号权力理论的基本概念，我们看到了语言作为社会实践在建构权力、维持权力以及传播知识与信仰方面运行的轨迹，也让我们意识到语言社会功能研究的重要性。

布迪厄强调语言除了交际功能以外，还具有行动和权力功能。语言通过与社会制度一起形成共同的语言市场、象征性权力，通过与社会的经济、文化资本一起形成相应的语言资本，通过与社会区分性一起形成语言的区分，最后通过语言交换换取利润，而这种利润更多的是指一种财富、信仰、尊崇和赞美。尽管布迪厄对语言社会性的强调容易导致对语言本质的遮蔽，但是他的观点对语言政策研究具有不可忽视的参考价值。

下面我们就来比较一下布氏的理论与语言政策相关概念的关系，试图把该理论引入语言政策的研究领域中。

一　合法语言与地位规划、本体规划

语言政策理论中要处理的核心问题，是规划多种语言之间的竞争关系，即对多种具有竞争关系的语言进行地位高低的规划，经典语言政策研究正是发端于此。从语言符号权力理论的核心观点来看，语言交换时之所以存在权力关系，正是因为有合法语言与非合法语言的存在。那么这里的合法语言可以看作国家的官方语言或者标准语，也可以看作不同语言领域里地位最高的语言，即合法语言代表了更高地位的语言。根据布氏的理论，合法语言的产生既不是任意为之，也不是纯粹由政治意志所决定，它是受与之相统一的经济、文化生产流通的市场所影响的，也是与其生产与再生产机制的有效性息息相关的。

首先，合法语言需要制度来巩固和维护其统一的语言市场，这本身就

是一种语言政策行为。对国家的语言进行地位规划，必须要有社会制度或相应的法律法规保障标准语的使用与地位。法国 1539 年颁布的《维莱科特雷法令》中有两条就是对法语使用的规定，从而奠定了法语成为标准语的基础。1992 年，法国正式将法语的地位写入宪法，规定法兰西民族的共同语是法语。1994 年，法国为了保障法语的使用正式通过了《法语使用法》，对法语的使用行为用法律制度进行规范。这些政策行为都可以看成为了维护合法语言的统一语言市场所进行的制度保障，目的是维护在语言交换中法语对其他语言的一种符号权力关系。

其次，合法语言需要不断的规范化。布迪厄认为标准语是一种被规范化了的产物，如果没有客观化的规范，语言就仅以各自为政的实践化形式存在，一旦有一种语言可以被期待成为人们之间达成相互理解的手段，那么人们会使一种用法成为另一种用法的规范。而法语标准语漫长的形成过程，就是不断规范化的结果。布迪厄说，当人们对“民族”这一以法律为基础的抽象群体有了集体认识以后，锤炼出一种标准的语言成为绝对必要的行为，这种标准语不受个人感情的影响，也不具有个性特征，还肩负着使语言习惯规范化的使命。词典就是这种编纂与规范化的典型结果。在法国，法兰西学院应运而生，它存在的全部意义就是规范法语，几百年来它做的最主要工作是编撰、修订《法语大词典》。“被规范化了的语言能够不受压制地发挥其功能，它适合于被任一发出者和接收者传达与解码，而他们可能对彼此一无所知，因此这种语言符合层级式政治的可预测性和可计算性的要求，这种可预测性和可计算性预设了普适性的办公人员与当事人的存在，他们只具有那些由对其地位的行政界定所指派给他们的身份，而没有任何其他的性质。”（布迪厄，2005）

在语言政策中，这种对合法语言的规范化工作就是通常所说的本体规划。可见对于国家官方语言或者标准语来说，本体规划的作用是进一步成就具有优越性的合法语言。对于使用官方语言的人来说，这种语言越规范越统一，它在语言市场的象征性权力就越大，使用者会越有认同感和主动靠近的愿望。法国政府中规范法语的部门、机构繁多，针对法语现代化的各种政策层出不穷，作为语言学者来说，有人会担心作为语言的法语接受这么多的人为控制会失去生机，但对于语言权力的运用者来说，这是保障法语权力和法语使用者权力的必要方法。我们会在第三章继续讨论标准语的规范化与生态化问题。

二　教育（语言）市场统一与习得规划

在合法语言的塑造中，地位规划（制度）、本体规划（规范化）都功不可没，而在布迪厄看来，教育体制作为固定和提升合法语言的权威才是具有决定性的一环。“教育系统给予不同语言的地位显得格外重要，这是因为，作为研究机构，它们在生产者和消费者的大规模生产中处于垄断性的地位，而如果没有这一市场，这种语言能力的社会价值、其作为语言资格发挥作用的能力，将不复存在。”（布迪厄，2005）教育体制包括学校教师、语言水平等级的确立、教育资格证明的引进以及与劳动力市场的紧密配合关系等。

在语言政策领域，与教育体制密切相关的是语言教育政策或者说是语言的习得规划。

其一，在国民教育体系中进行标准语的教学，有助于直接降低大众通俗性表达方式的价值，并且增加对标准语的认同。

其二，教师所从事的工作，除了把清晰、确定、规范的语言教给孩子，还潜移默化地使他们以同样的方式来看待事物，是一种建造民族共同意识的活动。

其三，划分标准语语言水平等级，通过各种测试和等级考试，建立更规范的语言市场，确保不同合法语言能力者的语言区分利润。对一种语言的规范和维护而言，水平等级考试是很好的巩固方法。在法国，关于法语的等级考试体系非常完备，法语作为母语，其学习的水平一般由国民教育体系的考试来确定，而以法语为非母语的学习则分为在法国本土的非母语学习和在海外的非母语学习，使用的考试是 DELF。2008 年以后，DELF 考试与欧洲语言共同参考框架接轨，采取了一致的评估体系，利于对欧洲的法语学习者统一测评。近年来法国对地区语言采取了多元语言观下的保护工作，在法国境内的区域语言中，也有三种地方语言（巴斯克语、布列塔尼语、加泰罗尼亚语）单独设置了水平等级考试，并有教育资格证明，还有相应参与社会实践的机会，而这三种语言也恰恰是保护得比较好的语言。

其四，教育资格证明的引进和劳动力市场的统一。在全国范围内允许有效的教育资格证明通用，是为了促进教育（语言）市场的统一。劳动力市场的统一则包括国家行政机关和文职公务机关的发展。“这样的做法往往可以吸引那些拥有非合法语言能力的人参与到对自身表达工具的瓦解中来”，比如说，他们力图向他们的孩子讲法语，或要求他们在家里也讲法语，目的是让孩子们明确法语在教育市场中的价值。

由此可以看出，官方标准语除了要在制度上给予保障，在本身的规范化上做好工作以外，在教育体制层面做好教育政策的规划是具有决定性意义的，即语言地位规划成功与否的先决条件是教育政策成功与否。而在语言教育政策中，语言教师、语言水平测试、语言教育资格证书以及劳动力市场对语言资格的要求都是考量的重要内容。

三　语言态度、语言认同与同谋关系

布迪厄的符号权力理论中强调了象征性支配符号（即合法语言）具有一个独特之处，就是它能在服从于这种象征性支配的人们中间塑造一种态度，这种态度就是对合法语言暗含的权力进行认同，承认这种符号权力关系的合法性。所有那些有认知能力的行动者在受制于社会统治机制的同时，其实也在通过自己的态度促成这种机制的形成。被支配者并不把那些施加在他们身上的符号权力领会为一种强制力，反而承认其合法性，语言在其中的独特功能就在于此，它把社会支配秩序中的强制性关系转化为一种无形的、柔性的力量，或者说是一种“看不见的、沉默的暴力”（俞炎燊，2007）。

上一节中我们已经讨论过，言说者对合法语言选择的态度既不是自由的选择，也不是被强制选择的，而是一种与合法语言之间的“同谋关系”。

对于这一点，布迪厄列举了“校正现象”作为说明，也就是说，当那些缺乏合法语言能力、处于被支配地位的言说者在比较正式的场合，自觉或不自觉地去校正自己言语中被刻上地方语言烙印的语音、措辞或者句法时，这种行为正好可以说明他们对合法语言的态度是认同的，正是由于这种广泛的被认同，合法语言才拥有统一的语言市场，而说它的人，才能在这个语言市场中进行语言交换从而获取利润。合法语言的选择者与合法语言之间表现出了一种同谋关系。

在对语言政策的研究中，我们经常会提到语言态度和语言认同，它们是进行语言选择时的心理动机。从某种程度上说，与合法语言的同谋关系，可以理解成语言态度中的认同关系。在法国，我们可以来看看移民的语言态度问题。法国从第二次殖民时期开始至今，已经接收了来自世界的四代移民，到20世纪70年代，法国移民语言问题凸显出来，这一时期，法国对移民子女的语言教育首先采取的是跨文化教育政策，即由移民国家培训、派出教师，到法国教授移民子女原国的语言文化，达到促使他们返回原国的目的。但这种政策并没有使移民对原国或者法国的认同有所加强，反而让法国民众对移民心生不满。1986年该政策被终止，政府采取了较强硬的移民语言政策。移民子女与普通法国孩子一样学习，采取“共和同化”教育政策。此后，学校和政府虽然设立了很多项目来提高移民孩子的法语能力，比如给移民孩子补充语言课程、增加小班学习课程或者设置机动语言课程等，但都收效甚微，因为国家政策的导向是强制他们认同法国文化，促进民族团结。但随着移民的社会问题日趋严重，国家越来越认识到这种紧张的移民关系来源于没有为移民提供更多更平等的竞争机会，于是2005年以后的移民教育政策开始为移民创造更多受教育机会和就业条件，比如为移民家庭的语言学习提供帮助，甚至包括帮助其父母学习法语，提供众多的语言培训机会供求职就业所需，为监狱服刑者提供语言援助等。我们从官方数据里也可以看到，这一时期移民子女因语言水平提高获得更高学历的人数在逐年增长。也许这个例子并不能说明移民及其子女与法语已经创建了同谋关系，但至少说明法语仅靠“共和同化”的政策是不可取的，因为移民及其子女在获取合法语言上是先天的弱势群体，也许为移民及其子女创造更均等的受教育和就业的机会，使他们在符号权力方面获得公平竞争的机会才是最好的解决办法。而法语要想获得移民的认同，只有建构合理的制度，实施有效的语言政策，才能使他们产生对合法语言的认同，加入这种合法语言的建构中来。

四 符号权力与话语权

谈到语言的权力不得不提及国际话语权的问题。

话语权不是指一国的语言魅力，而是指通过话语所包含的概念内涵、论证逻辑、价值理念、意识形态等因素所产生的影响力，国际话语权作为国家软实力，并不是国家所自然享有或先天赋予的，而是通过主动塑造和国际竞争获得的，其决定着对国际舆论的影响力，决定着一国主导国际事务的权力（宁继鸣，2017）。

我们从布迪厄那里或许可以得到关于话语权的一点启示，“语言，尤其是合法语言，它总是在执行着一种符号权力的功能，它意味着一种无中生有的建构力量，而合法的话语是一种创造性的言语，它使其所要说的东西得以成立……语言生产着存在”。

话语权在布迪厄的理论中，可以用以言行事的施事话语来解读，上一节中，我们已经讨论了施事话语得以以言行事的根本原因是说它的人拥有制度赋予的资格。如果我们把施事话语看成一种象征性支配，语言的权力关系绝不能仅凭现存语言能力之间的关系予以界定，还取决于它们自身占有的象征性资本，而这种资本是它们从群体中获得的认可，所以只有当支配性语言及其合法性认同顺利再生产的机制都有效时，这种合法语言才能发挥其特殊的以言行事的效应。简言之，施事话语能以言行事的秘密在于允许它有效的制度的存在，或者说有确保它实施的社会条件的允许和群众的认同。施事话语的最好例子就是法律语言。

在国际话语权的问题上，语言的统一市场就不再是某一种官方语言，或者我们可以把合法语言视为在某个特定时空中占据支配地位的语言系统。

目前世界语言呈现“一霸多强”的格局，要想获得国际话语权，应该是在世界范围内，或者说特定的场域内（比如不同类型的国际组织）获得某种象征性资本和合法性认同，同时还必须具备允许它们顺利再生产的有效机制。

说到保证象征性资本和合法性认同的有效机制，国际组织及其制度本身就是。随着国际社会在秩序化和组织化方面的进步，国际组织作为一种进程性因素的作用凸显出来，它逐渐沉淀为国际权力结构的重要组成部分，积极参与和建构国际机制，形成与国际社会的良好互动。法国为了取得法语的象征性资本和广泛的合法性认同，积极参与国际机制的构建，法语国家组织的成立就是最好的例子。

法国对法语作为世界性语言的规划是从建立法语国家组织开始的，戴高乐将军在法国经济颓弱、世界影响力下降的背景下，推行文化外交政策，力图以语言文化为资本积极打造国际交流平台，为参与国际事务创造了条件，他联合了世界上说法语的国家，以法语为文化外交的载体，争取话语权以期实现重返大国阵营的愿望。在这里法语就充当了一个非常重要的角色，法语在全球被传播的过程，可以看成法国通过积极建立国际组织制度，谋求法语语言文化在更大的国际场域内作为象征性资本和获取合法性认同的过程。

法语国家组织最初由 21 个以法语为官方语言的国家组成，规定法语是该组织唯一的官方语言。目前该组织已经拥有了 54 个正式成员国、27 个观察员国和 7 个准成员国。实施了一系列的语言文化传播策略，比如建立 TV5 国际新媒体，建立国际大学组织，为联合国和欧盟组织法语培训和提供翻译支持，在传媒、教育、科技交流方面寻求广泛的合法化认同。提出反对文化产品的商业化、单一性，提倡文化的多样性，从而使法语在文化、艺术、时尚、出版、翻译、科技等领域具有了话语权和影响力，这是另类外交方式对综合国力的提升。随着法语国家组织的壮大，该组织参与讨论的话题逐步向经济、政治等领域扩展，还常常以环境、人权、反恐等重要的政治议题为关注的对象，进行首脑会议、提出倡议、组织活动等，使法语在这些重要的国际性话题领域也逐渐占据话语权。

布迪厄说："符号权力是通过言语构建已知事物的能力；是使人们视而可见和闻而可信的权力；是确定或者改变对于世界的视界，因而确定或改变了对于世界的行动乃至于世界自身的权力；是一种几乎是魔术的权力，借助于特殊动员手段，它可以使人获得那种只有通过强力（无论这种强力是身体的还是经济的）才可以获得的东西的等价物。上述权力，它只有在被认同的时候才能发生功效。"

五　个人语言规划与语言区分利润

最后，我们来说一说个人的语言能力问题，其实这也可以看作国家语言能力的一个基础。

在布迪厄看来，语言从来就不是共同的无差别的资源，个人因为所属社会阶层的不同，占有经济、文化资本的不同，拥有的语言资本也是有区别的，即所谓社会的区分性转译为语言的区分性。这是由于社会稀缺的从来都不是语言能力，而是说合法语言的能力，或许是某个国家和地区的合法语言，或许是某个场域（领域）的合法语言。也许布迪厄的这种语言能力观建立在了过于固化的社会阶层观基础上，随着生产方式和社会结构的不断变化，也许获取合法语言能力的方式会随之有新的变化。

随着全球化的深入、信息技术能力的提高，网络语言给世俗世界带来了平权功能，单一合法化语言能力的获得变得越来越容易和普及，阶层区分带来的语言区分越来越不容易被察觉，而且，这种阶层区分带来的语言区分会逐渐消解。但这种语言的区分是不是就此消失了呢？其实并不会，只不过它产生的形式会有所转换。语言能力的区分会越来越体现在多领域内合法性语言获取的差别中，比如在外语领域内，谁取得合法语言的能力越强，占有的语言资本就越多，在科技、艺术或文化领域内，谁取得科技合法化语言的能力越强，占有的语言资本就越多，换句话说，在全球化背景下，语言的多样性成为一种资源，只有掌握更多领域的合法化语言才有更多的区分利润可以获得。

从法国语言政策的事例当中，我们也可以看到个人合法语言能力获得的变化，会使这种语言市场逐渐变化。全球化和信息技术的发展，使得法语繁复的书写体系被国内外的法语学习者诟病，法国政府的决策者，为了使这种合法语言能力被广泛认同、普及和需要，采取了简化正字法的政策。从 1992 年开始，法国政府责成法兰西学院制定了具体的简化方案，并由议会通过，然后开始在全国范围内非强制推行，但是该简化正字法方案一直受到国内保护法语派的强烈抵制，推行非常缓慢，时隔近三十年仍然没有在中小学生的教科书中被正式采用。用布迪厄（2005）的观点来分析，“那些努力要保卫受到威胁的语言资本（法语当中那些古老而经典的知识）的人们，不得不进行一场全面的斗争，他们如果不保卫市场，就是不保卫生产者与消费者进行生产的整套政治和社会条件，就无法保持这种能力的价值”。而在法国国内的大多数非法语的特权阶层，对简化正字法无疑都采取接纳的态度。然而，在合法化语言的获得越来越普及和容易的今天，还死守着要以增加合法化语言的难度为壁垒换取利润的想法真的值得商榷，是固守还是寻求更广泛的认同，也许是法语这个老牌合法语言所要思考的问题。

由此在全球化发展的今天，个人语言规划连带国家语言能力规划应该以多样化为主导，以多样化为资源。在近十年，法国的语言政策也提出了多语主义的语言观，其中所隐含的权力关系还有待笔者在本书的最后一章，结合对近十五年的《法语使用报告》的研究进行分析。

第二章　法语标准语的形成与立法

引入布迪厄的符号权力理论，不但是因为它与语言政策理论的普遍联系，也是因为它与法国语言政策的特殊渊源。“语言权力观”可以说是贯穿法国语言政策始终的一条红线。法国语言政策的起源要从法语作为标准语的历史说起，这也是语言合法化的开端，其本质是对法语在各使用领域的地位规划。

第一节　法语标准语的形成

标准语的发展一般都会经历一个大致相似的过程：首先，一种特殊的方言或区域性语言被选中，经过编码和标准化成为人们易于使用、方便使用的语言；其次，为了使这种语言能有更多的功能、能在更广泛的领域内使用，人们需要不断使它精准化；最后，它要满足言语社区和政治社区的双重需要（Haugen，1972，1983；Baugh and Cable，1978；Lodge，1993）。通常，标准化的语言必须具备以下一些与之相关的条件：公认有效的词典，完备的语法，标准的发音，能给出词语约定俗成意义的机构，宪法地位，有效和广泛的公共使用，甚至文学语言的使用标准等。

法语作为标准语的形成，包括口语体系的建立和书面语体系的形成两个方面。

一　法语口语的演变

罗马-高卢时期结束后，法国境内遗留下来的有影响力的语言包括法国北部的诺曼语（Norman）和庇卡底语（Picard），法国南部的奥克语

（Oc）和北部的奥依语（Oï），这些都是罗马－高卢时期，受拉丁语影响并分化而成的重要地方语言变体，法兰西语（Frencien）就是奥依语的一种，它是法兰西岛的方言，后来的法语就是从法兰西语演化而来的。公元 850～1300 年，随着法兰西王领土的不断扩大，法兰西语逐渐成为该地区的通用语。法国语言史学家费迪南德·布鲁诺（Ferdinand Brunot）总结了法语演化的进程，在法国北方首先出现了语言选择的过程（Haugen，1983），人们选择了法兰西岛地区的方言作为共同语，因为这种语言非常容易理解，它广泛应用于各种社会协作和商谈，被称为“koinéization”（Lodge，1993）。它的形成经历了这样的过程：各地方言在接触过程中形成了混合形式；为了减少不同的表达法，在语言学层面上做出一些校准；把一些无用的形式和结构再分配用于表达新的意义和功能（Lüdi，2012a）。

法兰西语从众多有影响力的方言中，最终被选定为地区通用语，是依靠语言的权力。而语言的权力，正是使用这种语言的人群的权力的体现。当时，法兰西王的势力范围不断扩大，并以政治、外交、军事等不同手段征服了周边的各领地。当然还有很多其他的客观因素导致了法兰西语成为当时法国的通用语（lodge，1993：85－117；Battye and Hintze，1992：15）。比如，法兰西岛的人口相对繁荣，巴黎及其周边地区的农业和经济发展相对较快，商业更繁荣。此外，15 世纪后期，印刷业兴起，书籍及其他印刷品也空前繁荣起来，促进了语言的传播，加速了语言的通用化。当然，还有引领潮流的巴黎文化，包括皇家宫廷的品味像磁石一样吸引着诗人等文学大家。索邦大学的建立也使巴黎成为教育的中心，吸引了无数学术权威等。有人认为，法兰西语在当时能成为通用语，不是人们有多需要这种语言，而是依靠法兰西王在意识形态领域的权力。“法语更多的是一种意识形态、文化领域的强势语言，而不是政治军事领域的强势语言。”（Ager，1996）

二　古法语书面语的形成

在法语书写形式产生之前，拉丁语作为当时唯一的官方书写方式，被用来记录各地的语言变体，这些书写既依赖于拉丁语的书写系统，又不能准确记录真实的口语实践，所以拉丁语这一书写形式渐渐被取代了。一般法语史学家认为，现存最古老的法语文本是，公元 842 年法兰克王国查理曼大帝的两个孙子东法兰克王路易和西法兰克王查理在斯特拉斯堡签订的一份讨檄他们的兄长中法兰克王的宣言，这份《斯特拉斯堡宣言》（Serments de Strasbourg）没有使用当时士兵们都不熟悉的拉丁语，而是使用两个王国的俗语——古高地德语和古诺曼语（古法语）写成，并向双方士兵宣读，这份文件是现存最古老的法语文献，标志着古法语的诞生。早期的法语文本还有公元 880 年前后的《圣女欧拉丽的赞歌》（*Sequence of Saint Eulalia*），这是现存最早的古法语的文学文本，可以认为是法语文学的始祖（法语维基百科）。

"从公元六世纪到十世纪大约五百年的漫长过程中，一种脱胎于拉丁语的语言逐步代替了拉丁语。它在法兰西这片土地上逐渐形成，并发展起来，这就是罗曼语族的一支——古法语。"（王庭荣，1986）古法语之后，法语又经历了 14 世纪至 16 世纪的中古法语时期，到 17 世纪以后才发展成为现代法语。

第二节　法语标准语的立法过程

伴随着国家历时层面的语言立法行为，法语成为国家的官方标准语，语言立法是建构合法语言的主要方式。法语历史上有三个重要的立法时期，分别是法兰西王国建立初期、大革命时期和第五共和国时期。

一　第一次法语立法

法国历史上对法语地位的第一次立法是在 1539 年。法兰西王弗朗索瓦一世颁布了《维莱科特雷法令》。[①] 这部法令中第 110 条和第 111 条规定，

① 《维莱科特雷法令》中关于语言的条款有两条，分别是：第 110 条，判决书要清晰、可以理解，如果对判决的表述有任何疑虑，可以要求判决者书写清楚直至不会产生任何模棱两可或者不确定性，或者申请提供翻译；第 111 条，所有言行都使用法语，关于在所述判决书中有使用拉丁词汇的地方，此后所有的判决书、所有的诉讼卷宗都使用法语，我们的最高法院以及下属次级的法院都使用法语，登记注册、调查、合同、宣判、通告等所有与法律相关的文书都要使用母语——法语。

全国各省所有法院的司法文件都必须用法语撰写，不得再用拉丁文或方言，法语是人们在口语陈述、法律文件（比如合同、判决、诉讼、调查等文书）中唯一使用的语言。该法令被认为是现存最早的法语立法文献，也是法兰西语成为国家通用语言的标志。事实上，该法令颁布 10 年后，在法国大部分地区，甚至包括没有实施该法令的地区，法语已经取代了拉丁语，但同时地区语言也具有法律效用（Brun，1923）。值得注意的是，这一时期法语立法规划的对象还不是法国的地方语言，而是之前的强势语言拉丁语。这部法令对法兰西民族的语言观念影响深远，直到现在，法国的学界和民间普遍认为《维莱科特雷法令》依然有效。

法国著名语言学家 Louis - Jean Calvet（2017）在评论这部法令的意义和作用时分析说，这部法令颁布的直接目的是使当时的法律能更好地被人民理解，使用人民自己的语言来制定法律，而不是使用大多数人都不懂的拉丁语，这是一种时代的进步。为了阐明当时的语言立法是针对拉丁语行使符号权力，甚至有一些语言学家认为，这部法令中所指的法语是广义的法国领土上的任何一种语言，而不仅仅是法兰西语，可以是布列塔尼语、巴斯克语或者加泰罗尼亚语等。但 Louis - Jean Calvet 认为，这是一种错误的理解，并援引法国语言史学家 Ferdinand Brunot（1906）的研究表明："国家的利益促进了语言的统一，而只有统一的共同语才能使律法的统一变得简单易行，使整个联合王朝的行政管理也变得相对容易。"在 17、18 世纪的法国，政治特点是各个地区的贵族各自为政，法兰西王要想获得集中的权力，必须要用能促进统一的工具，法语就是其中的手段之一。坚持使用同一种语言——法语，是封建国家中央权力的一部分。法兰西学院建立以后，法语更是成为一种贯穿整个巴黎的中央权力影响着法国社会的各个领域。所以一般认为《维莱科特雷法令》是法国历史上的第一部语言政策，也标志着法国共同语的形成。

那么现代法国人怎么看待这项五个世纪前的语言政策呢？法国语言政策学家 Louis - Jean Calvet 认为："这部法令里的第 110 条和第 111 条在法国永远不会被废止，因为法国正是在建立了单语政体后才开始走向发展和辉煌的，所以今天我们仍需要借助这部法令完成复兴，比如对于区域性语言的尊重和重振问题，仍然需要回到这部法令的研究中来，采取或批判或承认误判的不同方式来重新找到处理语言问题的智慧。”“1539 年是法语政策史上最具有里程碑意义的一年，是国家给予语言在国家当中的官方地位的转折点。弗朗索瓦一世的语言政策是从一种语言困境开始的（当时人们听不懂法律庭审），为了解决这个困境，他才开创了一个新的语言环境（即用法语代替了拉丁语），所以我们认为语言困境是语言政策发展的动力，当今法国遇到了新的语言困境，而官方的‘多语主义语言’姿态应该是面对困境最恰当的语言政策。”

从这段话中，我们能看到，法国的语言政策一直是与法国的政治、经济、文化发展政策紧密联系在一起的。法国之前的辉煌，与法国语言政策的先进性、语言文化的高度发达是分不开的，在法国世界影响力不断下降、竞争力不断被其他国家赶超的今天，人们仍然会回到语言政策中寻找复兴的答案，并且总结出了“语言困境催生新的语言政策从而推动语言发展乃至社会进步”的规律。我们也从这段话看出，法国语言界把“多语主义语言政策”看作逆境中复兴法国的强国之策。我们将在本研究的最后一章具体分析法国近年来的多语主义语言政策。

法语虽然在 1539 年被法定为官方语言，但在当时的语言实践中，这种语言的通用程度到底如何呢？

首先，法语在当时是社会精英使用的语言，普通居民一直使用自己本地区的方言，直到 18 世纪这种情况才有所改变。其次，法语虽然是唯一的行政、司法语言，但只有社会精英们才能真正使用法语与政府管理部门进行沟通，法语是一种特权阶层的语言，对其他方言行使符号权力。最后，当地区之间进行商业、金融或艺术往来时，法语才是通用语言，这说明法语在当时更多的是一种跨区域的、某些领域的交际通用语，而不是日常生活用语。

Lodge（1993：202）的调查统计能显示法语的通用性变化：在 1794 年的调查中，46% 的法国人不会说标准法语，只会讲方言；到 1863 年的时候，这一数字降到了25%；到1927年的时候，大部分的人才变成了会说标准法语和方言的双语人。我们后面会讲到，法语真正成为普及的标准语得益于法国19世纪对国民义务教育的巨大投资以及法国的民族国家政治体制。也就是说，从法语在政令法律层面被规定为标准语，到在语言实践中变成名副其实的国家标准语，中间经历了大约400年的时间。在这个过程中，立法只是手段之一，还需要其他的制度化保障才能促使合法语言的全面建构。而这个过程正是法语的功能层级层层递增的过程：从行政工具功能到文化载体功能，再到国家民族象征符号功能（李宇明、王春辉，2019）。[①]

二　法语立法的第二个重要时期——大革命时期

法国大革命时期被认为是法语立法的第二个重要时期。1789年法国大革命爆发，《人权宣言》的颁布从理论上宣告了等级制社会的终结，打破了语言等级分化现象，可以说，大革命是法兰西民族认同的一个分水岭（曾晓阳，2013）。大革命时期对法语的立法主要体现在两个领域：意识形态领域和教育政策领域。

（一）意识形态领域

法国学者Grau（1992：95）经过文献考证指出，1794年国家颁布的文件认定了："在法国领土内均使用法语。"革命领袖希望所有公民能平等地通过法语来理解法律和革命宣言，从而获取自由、拥护革命。法语不再是王公贵族的特权语言，成为民族国家"自由""平等""博爱"精神的象征性符号。法语与国家的关系变得密不可分并且相互促进：其一，法语文化促进了国家的团结统一；其二，作为国家语言的法语更需要排在其他语言之前，作为思想自由驰骋的工具，它必须被广泛应用和传播。于是，地方区域语言成了被法语象征性支配的对象，它们在学校被全面禁止。Barère在

① 李宇明教授认为语言的功能可划分为四个层级，即交际工具、思维工具、文化载体、认同象征符号，并且一种语言随着其功能层级的增加，其使用领域也会增加，随之语言的权力指数也会提升，反之，语言的衰退也随着语言功能层级的递减而衰减。

1794 年的报告里写道："说布列塔尼语的联邦主义者和迷信者，说意大利语的反革命，说巴斯克语的狂热者，腐朽的方言连同封建残余们都应该消失，自由者的语言必须是所有人的语言，法语才是自由的语言，是有普世价值的语言，是通向未来和个人发展的必经之路。"在 1925 年末，当时的教育部部长阿·德·蒙兹（A. de Monzie）公开宣布："非宗教的学校不能保护其他语言与法语竞争。"（Martel，1992，引自 Ager，1996）而蓬皮杜总统甚至在 1972 年时还被记录到下面的言论："在法国没有区域语言的位置，法语命中注定要在欧洲发挥它的基本作用。"

大革命时期语言政策的突出特点是方言和法语都被打上了意识形态的烙印。Judge（1993）在评论大革命前后的语言政策时也做出了类似的评价："大革命前的语言立法，只是给语言规范化合法化一个过程，大革命以后，语言政策开始变成了一种政治意识形态，也变成了帮助革命当权者建立教育系统和政府体系的一个工具。"

（二）教育政策领域

从某种程度上讲，政治、经济、文化的平权化必然带来语言的平权，随之也会带来语言的普及。国民教育体系为语言的平权化提供了条件，教育政策为法语的普及提供了法律保障，文凭制度、质量评估体系、课程体系等则为法语统一市场的建立提供了制度保障。

这一时期至少有五部法令涉及法语在教育领域的地位规划。

其一，私立学校的对话语言和公立学校的教学语言必须是法语；1794 年的一系列法令中，规定了区域语言聚居区的每个社区必须配备法语教师；1881 年，时任教育部部长的朱尔·费里（Jules Ferry）通过官方文件要求所有学校只能使用法语，而且必须均等、自由、长期坚持下去，理由是，只有所有人均等使用法语获取知识，由知识带来的社会地位上升的机会才是均等的。

其二，颁布加强法语使用的法令。

其三，禁止在阿尔萨斯地区使用德语的法令。

其四，确保人民不滥用地区语言的法令。

其五，加强法语作为司法语言权力的文件。

革命者希望所有市民都能懂象征自由的语言——巴黎法语，并且在日常生活中和教育中只使用法语。可是直到1832年，当公立小学设立，并在学校推行官方正字法的时候，还有很多学校缺乏法语教师（Judge，1993：14）。为了确保区域语言和本地方言被完全排除在学校之外，教师和教育机构采取了非常微观层面的手段进行监督，甚至具体到了教室里。采取的方式包括嘲讽（在说方言的孩子身上做标记，比如写一张卡片挂在脖子上，或者戴一顶特殊的帽子）、系统性地清除本地习俗和本地文化，然而最典型的方式是积极支持维护法语文化。

除此之外，19世纪和20世纪，法国在世界范围内建立了强大的殖民帝国。法国坚持每征服一个新的国家，都要在殖民国的法律上规定，必须采纳和使用法语，并建立法语学校。只有当殖民政府接受"法的精神"和"巴黎的语言"时，才能参与本国的政治生活，才能成为法语世界政治共同体的一员。有些殖民地国家在法国本土千里之外，但法国利用这样的语言文化制度，使它们仍然整合入了法语世界，直到今天，法国仍然有四个海外省（法属圭亚那、瓜德罗普、留尼旺、马提尼克），它们只使用法语作为官方语言和行政语言（Ager，1996）。

三　法兰西第五共和国时期的法语立法及政策

法语立法的第三个重要时期是法兰西第五共和国时期（1958年至今）。

（一）法语第一次被写进了宪法

1992年，欧盟成立，法国签署了《马斯特里赫特条约》，为了应对欧盟的一系列条款，法国在1992年重新修宪。法语在这次修宪中被正式赋予了官方语言的地位："法兰西共和国的语言是法语。"宣布法语为官方语言意味着行政语言和官方政治、经济活动的语言必须是法语，翻译的语言必须是法语。此外，这个法律对那些不能掌握法语的移民也有效，甚至对私有企业、合资企业、在法的跨国企业也都同样有效。法语被赋予了一个象征性的地位，但很多法属海外省、属地的服务语言、第一语言并不是法语。

（二）《法语使用法》颁布

1994 年 8 月 4 日，法国颁布实施了《法语使用法》，这是一部关于法语使用的法律，被认为是法语历史上的第四次重要的立法行为。

这部《法语使用法》的前身是 1975 年由巴斯（Bas）和罗里奥尔（Lauriol）发起并由议会通过的 1975 年法案，该法的发起者们坚持要在商业活动、工作领域、公众媒体、公共区域及公共服务中使用法语，该法要求法语必须在关系到消费者利益的所有领域被使用，以保护消费者的知情权。最后该法在 1994 年被《法语使用法》取代，并用时任文化和法语国家组织部部长的雅克－杜邦的名字命名（故又称《杜邦法》）。

《法语使用法》规定必须在以下五个领域使用法语。其一，消费者保护领域：法语必须在产品和服务的设计、售卖和广告宣传中被使用，除了外语和特殊区域性语言，比如“Whisky”（威士忌）、“Kouglof”（咕咕洛夫）[①]。其二，职业劳务领域：劳务合同、招聘广告、企业内部规章制度、协议等一切涉及劳动者利益的文件必须使用法语，外籍员工和跨国文件除外。其三，教育领域：法语是教学语言，教授外语、地区性语言或特殊学校除外。其四，视听交际领域：广播电视节目、电影以及视听广告都必须使用法语。其五，在法国举办的学术会议、研讨会以及活动也必须使用法语。《法语使用法》还规定了官方专业术语的法律地位。与此同时，为了加大执法的力度，1995 年又出台相关规定，强调如果违反《法语使用法》的相关条款将要受到罚款和监禁的处罚。《法语使用法》与 1975 年法案相比，更有执法效力，对违反者处罚更重。

除了国家的法律，至少还有三个部级的通函对法语的使用做出了规定：一是 1976 年 12 月 30 日颁布的教育和研究领域使用法语的规定；二是 1981

---

① Kouglof，咕咕洛夫，一种奶油圆蛋糕，原产于奥地利，如今是法国阿尔萨斯大区的特产。

年9月22日颁布的在法国举办的研讨会、学术会议必须使用法语的规定；三是1994年4月20日由法国总理爱德华·巴拉迪尔颁布的在公共机构必须使用法语的规定。前两个在《法语使用法》中都有了相关的规定，第三个则被计入每年的对公共领域法语服务质量的考评中。

（三）法国的语言立法框架

2013年，德尼·科斯塔沃克（Denis Costaouec）基于法律语料库的文本进行统计分析，总结出了法国法律体系中有关语言的立法框架（Herreras，2013）（见图2－1）。

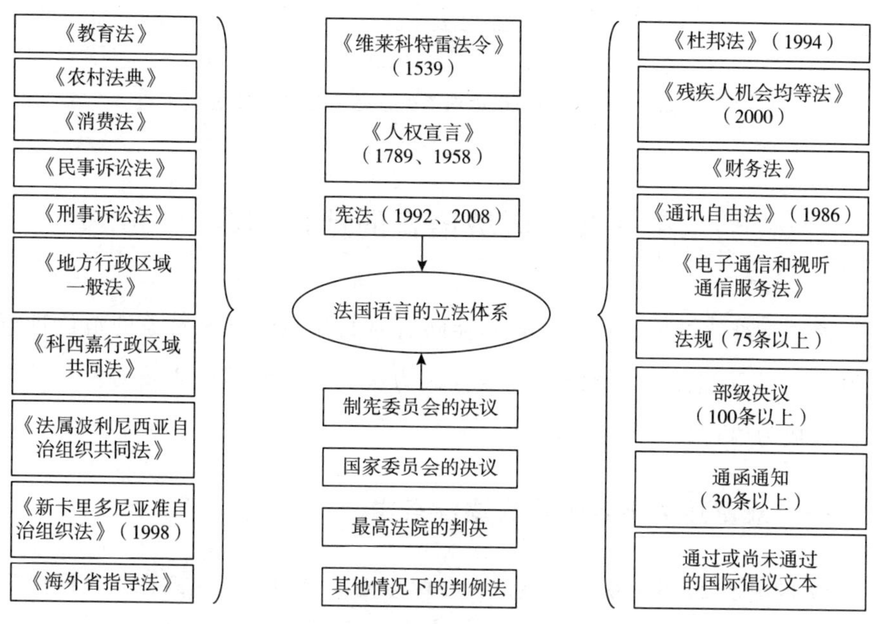

图2－1　基于法律语料库的法国语言立法体系

法国的语言立法框架中规划的语言对象包括：法语、法国境内的区域语言、外语及残障人士的语言（手语）等。

立法类型包括五个层面：一是最高级层面的宪法、基本法、最高法院的裁决等（图2－1中间上部分）；二是区域法典或领域法典（图2－1左边的部分）；三是直接对法语使用进行规范的法条《法语使用法》；四是各行业法规及各种通报、通告、决议等（图 2 –1 右边的部分）；五是制宪委员会、国家委员会讨论形成的决议以及各级法院终审判决的案例（图 2 –1 中间下部分）。

另一项基于法国法律语料库的数据所做的关于法语立法所涉及领域的研究表明，法国立法的领域主要集中在教育、媒体、公共服务、私人权利、国际法文本及国内司法领域（见图 2 –2）。

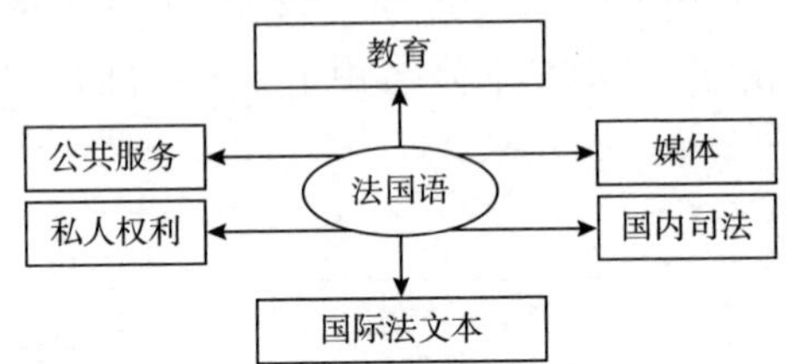

图 2 –2　基于法律语料库的法语立法分布领域

第三节　区域语言的地位问题

法语标准语的地位规划，必然伴随着对其象征性支配对象的地位进行限制。大革命以后，法国的区域语言成为法语权力倾轧的主要对象，其地位问题成为语言政策的主要内容。

一　双重压力下区域语言逐渐势微

19 世纪及 20 世纪初，区域语言在两方面的压力下迅速式微。这两个方面的压力分别是：一方面，人们社会实践方式的改变带来了法语的普及；另一方面，政府在意识形态领域和教育制度上持续打压方言、扶持法语。

人们的语言实践往往是由社会实践方式决定的：工业革命带来了便利的交通、流动的人口和混合的言语社区，火车铁轨在城市和乡村之间不断延伸，不同语言区域的商贸往来日益频繁，这都为法语的实践提供了条件。此外，1870 至 1918 年，欧洲战事不断，年轻人常常需要走出村庄去打仗，这时人们越来越频繁地使用法语，法语扮演着现实中真正的通用语角色。

而在意识形态领域和教育制度上，政府诋毁和打压方言对法语合法地位的构建起到了促进作用。

19 世纪，各方言社区建立了法语教师岗位制度，社区的人们随时都受到语言监督，也随时能接受法语服务；学校教室里不能说除了法语以外的语言。随着知识传播和行政效率的提高，标准法语被进一步普及，拿破仑时期，全国范围内的选拔考试都依赖正式标准的法语书写体系，甚至一个邮差的岗位都需要法语的读写能力，许多社会服务业都依赖法语技能，要想胜任城市的工作，必须符合一个隐性的语言准入标准。教育制度的保障配合职业统一语言市场的建立，使法语的普遍使用成为可能。

20 世纪初期，甚至有学者认为法国的区域语言已经消失了：阿贝尔·多扎（AlBert Dauzat）在 1927 年的著作中写道："各地的土语和方言已经很少被当成同一种身份的认知标志了，也没有使用的实践价值了。"

二　重压下区域语言走向自治模式

也许因为这些区域语言成为极其小众人群的，在一战和二战期间，有些区域，比如布列塔尼和阿尔萨斯－洛林地区甚至开始出现了一些争取自治的力量，采取扶持区域语言的行动。比如，开始在特定的场合使用区域语言：布列塔尼的教会学校从 1930 年开始使用布列塔尼语教学；1938 年，布列塔尼地区的小学在正常课时之外开始开设布列塔尼语的选修课。区域自治的行动在二战时期达到了顶峰，并受到法国维希政权和德国人的资助。

二战以后，曾经的德语占领区阿尔萨斯和自治化程度较高的布列塔尼，开始面临法语的压力，一方面要提升法语的声望，体现法国的统一团结，另一方面要降低区域语言的声望，实行去地区化。因此在曾经的德语占领区阿尔萨斯地区，学校禁止使用德语，出版社也不得不使用双语，使用双语的公务员被调入。布列塔尼地区那些自治团体的反法语行动也渐渐失去了实质的内容，直到 1951 年《戴克索纳法》（The Deixonne）颁布。慢慢地，法国的区域性语言在国家的地位非常有限，仅在教育法规中有所提及。

三 文化多样性下区域语言的新机遇

1981 年，密特朗当选法国总统后，开始着手通过立法保障地区性语言的地位，因为他在参选时曾经许诺要支持区域主义。事实上，密特朗总统提出要鼓励区域身份认同，区域语言和文化应该被尊重，并被教授和传承。这种表面的支持其实意味着，区域主义已经从政治经济的地位退守到语言文化的价值，只是基于过去的创造力，区域语言也降低到进博物馆这样的地位，佐敦（Giordan）在 1982 年受文化部委托所做的报告中，指出了很多错误的对待少数民族文化的做法，也提出了修正的建议，但很多政策上的建议未被采纳。他的报告宣称："打压、贬低和边缘化其他语言是一种无人性的精英主义的文化逻辑，它是与寻求多样化的权利和社会文化生活的民主相违背的。"

佐敦的建议其实已经超越了语言政策，他试图通过解读文化政策来定义语言政策，语言政策往往是改变区域经济、社会政策的驱动力量。

1983 年，"区域语言和文化国家高级委员会"（Conseil National des Langues et Culture Régionales）成立，提出了一些不太重要的区域性语言问题，比如，在布列塔尼地区提供其他语言的课程、师资，双语路标可以在当地政府需要和允许的情况下使用等，但区域性语言的地位在国家法律中仍没有确立。1981～1991 年的 10 年间，区域性语言的地位没有发生实质性的改变。佐敦（1992：139）悲观地感叹道：区域语言和文化高级委员会的规模 6 年间扩大了 3 倍，但是它的影响力仍是微不足道的，他唯一发现的与过去相比较稍微积极一点的现象是，人们不再以说区域性语言来贬低某个人的社会身份和地位了。

关于 1994 年《法语使用法》的争议是，《法语使用法》中强调法语是唯一的教育媒介语，除非有教授区域性语言或文化的需要。然而在一般性的法条中，又指出："关于法国境内区域语言的问题，在处置现行法律的应用时，不能带有对法律和法规的偏见，更不能阻止区域性语言的使用。"

法国最初没有签署《欧洲区域或少数民族语言宪章》[①]，就是考虑到《法语使用法》中的相关规定，最后法国在教育政策上对区域性语言做出了补偿。尽管在教育政策上区域性语言得到了肯定，在法国区域性语言仍然没有地位。但是，在布列塔尼或者南方的一些城市可以看到双语的路牌，在一些广播和电视（法国电视三台）中可以听到或看到区域性语言的节目，这应该是一种事实上的语言政策的让步吧。

由此，我们可以看出，语言政策仍然是一个有弹性的体系。虽然规章、制度、法律等硬性的文件中没有提及，但是在语言实践中，在政策的实施中，是有弹性空间和灰色地带的，需要一些补偿性的策略。以保证正常的语言生活和情感需要。在第五章，我们将具体分析法国近十年区域语言政策的变化。

① 法文名：La Charte Europeenne des Langue Regionales ou Minoritaires。1992 年 11 月 5 日，法国在斯特拉斯堡采纳了《欧洲区域或少数民族语言宪章》，并于 1999 年 5 月 7 日签署了相关文件，但在法国国内的立法层面一直没有实质性的条款予以法律的保障。

第三章　法语标准语的规范化

如果把法国的语言政策看作一个符号权力体系，那么语言权力观是贯穿始终的意识形态红线，法语标准语作为合法语言的构建就是政策体系的灵魂，对标准语的规范化过程则是法国语言政策的最重要手段。

第一节　语言规范化与法语纯洁观

语言规范化，简而言之即推荐或者声讨某种语言表达法，它通常出现在语言的标准化过程中，即从众多的表达中选择优于其他形式的表达，然后按照结构和使用的规则把它们编纂起来（Haugen，1972）。豪根总结了语言标准化的四个基本过程，分别是：选择、详细阐述、编纂成典、被使用者接受。经过了这样四个过程的标准语往往具有了一种“正确”的权威，常常被认为是比其他变体更纯洁更地道的表达，随之人们对这些“正确”的表达会产生一种害怕被其他表达污染的危机心理，这种维持标准语的现有状态，使之不受污染的观念就是我们常说的语言纯洁观。

学术界对语言纯洁观的定义有广义和狭义之分。狭义的语言纯洁观，仅指一个言语社区对于外来语成分的否定态度。广义的语言纯洁观则是指反对语言的一般变化，比如：Brincat 等人（2001：155）认为语言纯洁观就是语言使用者或者语言立法者反对语言接触；Trask（1999：254）定义语言纯洁观是坚信外来语词汇是对纯洁语言的一种污染，希望保护语言的传统标准不受任何外来语的影响。

也有介于二者之间的学术观点，比如 Thomass（1991：2）认为，语言纯洁观事实上是对标准语的一种规范、滋养和规划。Thomass 总结了一个描写和衡量语言纯洁主义的框架。

他首先认为语言纯洁观可以分为两个向度，即面向语言内部的纯洁观和面向语言外部的纯洁观。面向语言内部的纯洁观，主要来自精英阶层、不同民族以及复古主义者的语言态度；面向语言外部的纯洁观，则主要强调对外来语言的态度，针对外来语言的不同类型有不同的警惕等级。

其次，Thomass 把语言纯洁化的过程模式分为两种，一种是“机构审查—根除污染—预防阻止”模式，另一种是“替代使用—接受—评估”模式。

最后，语言纯洁化的程度可以根据标准语中词汇层面的变化来衡量，衡量的指标主要包括外来词、国际化词、译借词、创造的新词及方言词等。外来词是最常见的借用现象，一般没有本国标准语的语音语义的替换，尚未被标准语同化，是语言纯洁化的对象，对标准语影响较小。国际化词汇一般受到国际通用语权力的影响，与殖民权力相关，是语言纯洁主义者要竭力去除的对象。译借词是翻译过来代替外来词的表述，没有外语的词形，但在一些真正的语言纯洁主义者看来，这是最危险的部分，因为它已经被标准语同化，并有可能影响语言的深层系统。语言纯洁主义者最喜欢的是创造的新词，它意味着从自身语言系统里产生独立于外语的形式，这是对标准语非常重要的丰富手段。语言纯洁主义者是矛盾的，一方面，他们反对语言的变化，希望维持标准语传统的样子，另一方面，他们又要非常积极地求新求变，因为只有不断创造新词新语才能应对各种语言接触带来的变化，使语言系统继续保持纯洁。轻度的语言纯洁主义者，一般只对单个的外来词进行规范，中度的语言纯洁主义者会对系统性的外来词及国际化词汇进行规范，而极端的语言纯洁主义者会对标准语中的译借词也进行规范和根除。

根据这个语言规范化和纯洁化的框架，我们可以通过对比法语的规范化过程，评估法语的纯洁化。

第二节　法语规范化的历史

一　开端

15～16世纪，是法语的逐渐成熟期，这个时期的法语规范化伴随着去拉丁化和规范雏形初始建立的过程。

这个时期正值欧洲文艺复兴运动时期（14～16世纪）。文艺复兴是一场反映新兴资产阶级要求的欧洲思想文化运动，在文化上，其特点是复兴古希腊、古罗马高度发达繁荣的文化，由于语言的载体作用，在这场运动中，突出了意大利语、拉丁语和古希腊语的作用，扩大了它们的影响，而在法国，作为世俗语言的法语受到了冷落。这种情况下，法国的文人开始捍卫语言文字的世俗化，并竭力扩大法语的影响。1549年，法国第一个文学流派七星诗社，发表了《保卫与发扬法兰西语言》的文艺宣言，这是第一部关于法语的宣言书，它抨击了那些认为"只有古希腊语、拉丁语才能创造出好作品"的观点，但又主张积极借用古希腊语、拉丁语对法语词汇进行改造，鼓励法国人要敢于创造新词，倡导人们用法语进行写作，进而丰富法兰西的民族语言。这一宣言的发表对法语的规范化和丰富性都产生了深远的影响，为后来法国文学的兴盛提供了不竭的原动力（王佳，2012）。如果说最初的法语只是行政、司法工具，那么使用法语进行文学创作和巩固民族文化则开启了法语的文化、象征符号功能，法语功能领域的扩大，为进一步巩固其国家标准语地位提供了必要条件。

二　法兰西学院建立

路易十三时期，随着王权的进一步中央集权化，黎塞留认识到了文人使用文字对王权的重要宣传价值，认为控制语言对于加强王权非常有必要。与此同时，随着法语的广泛使用和传播，著名的翻译家、语法学家（也有人称他为"法语语法之父"）瓦格拉斯（Vaugelas，1585－1650）敏锐地注意到规范使用法语的必要性，他觉得总结法语的所有使用规则，指导人们正确使用法语刻不容缓。于是，在王权与语言文化的相互需要中，1635 年，最初本是巴黎几位知名文人的私密聚会被黎塞留纳入了王权的保护体系中，创立了著名的法兰西学院。瓦格拉斯成为法兰西学院的第一位院士。

瓦格拉斯提出的法语规范主要以当时的宫廷用语和著名诗人马莱伯（Malherbe）的作品为范本，法兰西学院规范化法语的宗旨是使法语“便于使用”。马莱伯提出，判断是不是“好法语”的标准是“连最普通的人都能理解”。瓦格拉斯编撰的法语规范著作 Remarques sur la Langue Française（n°4）主要告诉人们如何说好法语和正确书写法语。其后，瓦格拉斯终其一生都在编撰《法语大词典》和整理系统的法语语法，法兰西学院也成为法国最早的语言规范机构。英国语言学家埃杰认为，到了瓦格拉斯时代末期，这种纯洁化的法语规范，更多地变成了王权和国家权力的协助工具。瓦格拉斯的语言规范观成就了《法语大词典》和系统的法语语法，也为国家语言的规范化管理开了先河。

陈杰（2017）在研究写于 1652 年的《法兰西学院历史漫谈》（Relation contetant l'historie de l'Académie française）时，发现了法兰西学院院士尼古拉·法雷（Nicolas Faret）起草的《学院计划》（Projet de l'Académie），该计划中明确指出成立法兰西学院的目的在于：“将我们所说的这门语言从那些未经开化的语言中抽离出来，”“让它最终得以接替拉丁语，就像拉丁语曾经接替［古］希腊语那样；”“在这一目标的指引下，未来的院士将以清洗这门语言（法语）所沾染的污垢为己任。”由此可见，法兰西学院当时建院的核心任务在于净化和完善法语以及去拉丁语化。

法语体系的规范化正是伴随法国的权力中央化过程一起发展的，国家确保语言标准化又反过来利用语言控制国家。宫廷语法学家马莱伯和瓦格拉斯一再强调要使法语便于使用，积极规范化的结果是使法语走在了其他欧洲语言的前面，法国大革命前夕，标准法语的书写规范被固定下来，并成为欧洲乃至国际的通用语言文字，广泛应用于政治、外交领域，在德国和俄罗斯的艺术领域，更是以法语为通用语。

三 大百科全书编撰

17～18 世纪是法语的鼎盛时期。在这一二百年中，法语先后在欧洲占领了外交、文艺、出版和高等教育等领域，拉丁语已经完全不能与之匹敌。

法语在 17 世纪最显著的规范化行为，是大力创造新词新语和规范专业术语以应对日新月异的科技进步。1751～1772 年，狄德罗等编撰的《科学、艺术及技术大百科全书》（L'Encyclopédie ou Dictionnaire Raisonné des Sciences, des Arts et des Métiers）以介绍新词语、新概念、新知识为目标，标志着法语的规范化进入了一个更深入更广泛的时期。

大百科全书的编撰是以英国新科技的发展和广泛地向外传播为背景的。随着伽利略天文望远镜的发明、牛顿三定律的诞生，以及地心说的创立，英国的新科技开始被其他的国家引入传播。在法国，伏尔泰最早把这些新科技新思想带回了国内。为了在法国传播这些最新的科学理论和技术知识，编撰一部大百科全书的想法就诞生了。

最初，大百科全书被定位为翻译英国的最新科技理论，包括"大气层、医学、血液等"领域的内容，历时 21 年，主编几度更替，编撰标准也不断修改，最后，由狄德罗和阿兰博特负责编纂。因为狄德罗是数学家，他又引入了很多数学、技术领域的专业词语。由于这部大百科全书，很详细地记录了科学、技术领域最新的专业术语，为了给这些专业词语命名，法语从传统的拉丁语、古希腊语、西班牙语、意大利语、阿拉伯语以及英语中都借用了大量的词语和表达法，这大大发展和丰富了法语。此后，不管是在第一次工业革命还是在后来的信息革命，对待新事物、新概念和新技术，法语都继续沿用翻译的传统，创造了大量的新词新语，而没有直接使用外来语。

从法兰西学院编撰《法语大词典》，竭力使法语的表达便于使用，到大百科全书的编撰等法语的规范化行为来看，不少学者认为，它是一种广义上的语言纯洁主义。法国人认为，如果不使用自己的语言来命名这些新的科技和发现，他们将只能使用别人的语言系统来表达，科技创造将永远落后于人（Etat，1993：214）。布迪厄也探讨过关于命名的问题，他认为："命名把语言层面的象征权威，转换为社会认可的力量，同时强加一种不可违抗的社会共识。命名是一场永不停歇的争斗，其目的是以象征符号巩固合法性。"对新事物、新概念的命名是具有一种力量的，法兰西学院不遗余力地要为层出不穷的新词新语命上法国名称，除了是一种语言纯洁观的惯性使然，更重要的是看中其背后社会共识的重要性。

第三节　当代的法语规范化

法兰西第五共和国成立以后，共和国标准语的规范化主要表现在以下三个方面：新词新语及正字法改革，丰富法语，法语的数字化、信息化。

一　法语规范化机构

要开展繁复全面的语言规范化工作，就需要完备的规范化机构，下面我们先来介绍一下法国主要的语言规范化机构。

（一）法兰西学院（Académie Française）

法兰西学院是法国最著名、历史最悠久、最具权威性的语言机构。它始建于1635年，最初是一个私人会所，一年后，它被巴黎议会接管，并交由当时的大臣黎塞留负责。该机构主要致力于维护法语的先进性、纯洁性、至高无上的荣耀以及保护各种语言艺术形式。

现代的法兰西学院是一个由政府组建并提供资金的机构，听命于政府。它的编制成员也是由政府选出并任命的。它的行政设置只有一个秘书处和很少的专职人员，并直接受法国总统的领导，不同于一般的政府机构。法兰西学院可以决定语言、文学重大奖项的获奖人，或者向政府推荐获奖候选人，也经常向政府提供一些关于大政方针的观点，这是从黎塞留时代就延续下来的传统，这里的专家都很资深且年老，但其实专职的语言学家很少。

法兰西学院的具体工作包括：词典编撰、术语规范、新词审定、网络语言的规范、词语滥用的规范、外来语的规范、俗语的规范沿袭等。除了规范法语，还提出关于法语使用的意见与要求，并颁布完整的可供网上查询的语言使用建议，例如："能说与不能说"（dire，ne pas dire）。虽然该机构对政府和民众没有强制约束力，它的权威性却一直引导着法语的发展方向。法兰西学院从17世纪开始就担负着维护、修订法语的任务，每一次维护的结果都会以修订编撰《法语大词典》的形式固定下来，并以数据库的形式建立"法语宝库"。法兰西学院历史上至今已经修订过九版《法语大词典》，最近一次修订于1986年开始，历时二十多年，收录15000多条新词语。除此之外，法兰西学院还于1990年主导了《法语拼写规则校正方案》（Réforme de l'Orthographe）的制定，积极推动法语的正字法改革。

法兰西学院坚称，其主要职能并不是给语言开药方，而是记录语言的使用情况，根据语言规律办事，比如，在推行正字法改革这件事情上，法兰西学院不断重申自己的立场，即"反对强制推行"，"官方推荐使用"，"力图做到不人为干预语言的自然演变，让时间和社会实践来检验这套新的拼写规则"。但是，法兰西学院在法语规范化的问题上真的是采取无为态度的吗？有的专家经过研究，对法兰西学院的语言管理颇为诟病，认为它制定了很多严苛的衡量语言的规定，使很多词语无法进入词典，比如，首先排除那些被认为很低级的词语（口语、俚语、粗俗语），其次是新造的词，最后是一些源于球类运动的科技术语（主要是贵族运动和贵族艺术，如马术、击剑、狩猎等）（Battye and Hintze，1992：25）。一些区域性语言的词语也都被系统地清除出了词典，至于移民语言与法语接触后产生的丰富的市井词语更是无法登上词典的殿堂。这使官方法语丢失了大量的语言文化财富，也限制了法语自身的创造力。

（二）法语最高委员会（Conseil Superieur de la Langue Française）

该机构是一个语言政策、语言规划的制定机构，成立于1989年，由19~25名成员组成，主要从事法语研究、法语传播和法语规范化的工作，目的是使法语更具竞争力、更具服务性。该委员会的主席一般由文化部副部长来担任，副主席一般由法兰西学院的语言学家来担任。该机构的工作重点是：研究法语在国内和国外的使用，提升、促进和丰富法语，在国内国际推广法语，同时也负责制定本国的外语政策。该委员会就以上工作内容会形成一些工作建议和行动倡议，最后由教育部或法语国家组织的负责人通过行政文件的形式提请政府通过并得以实施。

Quemada 认为，这个委员会的任务是提供语言研究报告、咨询报告和语言发展路径，当国家要出台一部新的法律时，这个机构提供的理据和调查内容非常重要，可以提醒国家对一种语言随时保持警觉性。Quemada 认为，一种语言法令只有被广泛接受才能产生效果，所以要辅以强有力的实施手段，比如公众的拥护、民间的支持等，法国通过上升到法语最高委员会的方式来规范和推广法语，正是为了增加法语的权力价值和光环（Brèves，1994）。

那么该机构在 1994 年做了哪些相关的研究议题呢？内容如下：保持法语的质量；发展欧洲多语主义；使法语现代化、信息化、丰富化，发展语言产业；提升法语形象，增加法语的活力，扩大法语的传播，帮助法语处理文化、经济和社会中的利害关系。

1993 年 9 月，对该委员会的成员进行了调整，1994 年 3 月 8 日重新成立的委员会成员包括不少前政府官员（比如教育部部长、文化部部长等）。此后，委员会每四年换届一次，23 位成员中包括了法国和法语世界其他国家的记者、社会学家（如 Raymond Boudon）、语言学家（如海然热）、历史学家等。为了确保语言行动和动议得到各部委的支持，89 –403 号文件还宣布建立一个跨部委的协调委员会，协助法语最高委员会的工作，协调委员会的成员常常由一些来自外交部、文化部、教育部、工业部、欧洲事务部和法语国家组织、研究机构的资深公务员组成。

（三）法语及法国境内语言总司（Delegation Géneral à la Langue Française et aux Langues de France）

法语及法国境内语言总司是隶属于法国文化部下的语言管理职能部门，

属于政府行政机构。它的职能是协调好关于法语和法国境内语言的一切政府行为，它是法语最高委员会最坚实的左膀右臂，辅助委员会执行一切政府的语言工作。工作性质决定了该机构权力巨大，它还通过术语委员会控制和协调法语的本体规划工作。

它成立于1989年，原名为“法语司”（Delegation Géneral à la Langue Française），该机构的前身是，戴高乐将军于1966年建立的“法语高级委员会”。1966~1989年，该机构为了应对英语的全球化，并在世界范围内推广法语，曾经更名为“保护与推广法语高级委员会”。2001年，该机构更名为“法语及法国境内语言总司”。这次更名的原因，是在欧盟委员会的压力下，法国除了承认法语为官方语言之外，还必须考虑到法国境内的其他区域性语言及少数民族语言。所以，目前该机构总的任务和职责是围绕两个方面的：其一，规范统一标准法语的使用；其二，对法国境内的区域性、少数民族语言进行统筹管理，促进语言多样化。

法语及法国境内语言总司下设30个处室机构，还包括一些公共或私人的合作机构，发展的宗旨是促进法语的推广和语言的多样化。该机构主要的工作包括以下几点。

（1）根据各类语言法律、法令、法条监督法语的使用，并保障法语在合法的框架内使用。

（2）审定科技术语、规范科技术语、规范新词新语，并向公众推广这些新的词语，促进法语的丰富化和现代化。

（3）制定各类语言政策、策划各种语言活动等，促使语言朝着促进社会团结和多样化的方向发展。参与设立初级法语水平考试，颁发证书，帮助移民尽快融入法国。

（4）促进法国语言文化多样化，维护世界语言多元化，鼓励当代文学家、剧作家、词作家等用方言创作一些文学作品、戏剧、歌剧等，并通过多种途径传播法语。

（5）规范口语及书面语的使用，每年9月15日，以政府公文的形式发布当年的《法语使用报告》和《法语在世界报告》。

（四）术语委员会（Terminology Committee）

法国的专业术语工作最早可以追溯到1933年，当时有一个“现代技术术语委员会”，从事最早的术语整理工作。1970～1972年，各个部委纷纷成立了自己的专业术语委员会，负责各自领域的术语创造和规范，在1973～1978年，做了很多积极的术语工作，发布了很多术语规范。后来法语司成立以后，主要由法语司来指导和协同各专业术语委员会一起进行术语规范，并成立了术语委员会，它事实上是一个联合规范网络。

该委员会主要负责规范各专业部委和社会各行业所使用的专业词汇，如经济、金融、教育、卫生、航空等。法语及法国境内语言总司负责协调、监督委员会的工作。术语委员会的职责是，查找相关领域法语词汇方面的疏漏，收集、修正、推广专业术语，利用法语国家组织的资源，传播官方的专业词汇。委员会成员由法国和法语国家的专业人士构成，包括记者、专家、语言学家等，委员会不定期汇集出版专业词汇，公之于众（戴曼纯、刘清润等，2012）。

术语委员会在为法语创造传统表达中不存在的新词时，通常使用的“造词”机制是这样的：新生概念先用英语进行定义，再从法语中寻求对应的表达方式。此外，该委员会还为法国法律文书的各种术语提供准确可靠的定义，以保障法典编撰的严谨性与准确性。

此外，为了巩固这些术语的地位，促进它们的使用，新术语一般会在行政专业部门的录用考试或公务员的晋级考试中出现，教育部也会在国家考试中对这些词汇形式和语法形式进行命题。新术语一旦进入教育和测评体系，就会很快在标准语当中被使用并稳定下来。

但是近年来随着术语规范工作的不断升级，该委员会已经不断扩大其职能，更名为“丰富法语委员会”。后面介绍法语的规范化政策时会继续介绍该机构的革新和变化。

（五）法语国家组织高级委员会（Haut Conseil de la Francophonie）

该组织成立于1984年3月12日，它的主席一般由法国总统担任，它最初负责的工作包括协调法语国家组织与法语世界的关系，出版年度《法语国家组织状况报告》（Etat de la Francophnie）。主要信息来源是外交部、委托的特殊调查、咨询服务部或者一些专业机构及其自己的常规工作会议。该组织还为总统参加法语国家组织国际高峰论坛筹备和提供参考议题，起到智库的作用。

（六）国际法语委员会（Conseil International de la Langue Française）

该委员会是一个法语国际教学管理机构。主要管理世界法语资源，协调所有法语国家之间的语言交流和语言实践问题，也包括法语与外语的交流翻译问题。它的工作具体包括法语国际拼写规则的制定、国际法语语法的规范体系、专业术语的统一规范和互通、词汇的整理、第三世界法语教师的培训、贸易口语的规范化、有关法语语言文化的话语规范化等，它也是组织和制定各种法语等级测试和测评体系的机构。

二　法语规范化政策

（一）正字法改革

法兰西学院是法语规范化的主要机构。除了编撰《法语大词典》，随时关注法语的发展，适时提出正字法改革（réform de l'orthographe）也是法兰西学院的重任。这里值得一提的是，1990年由法兰西学院主持的正字法改革。

法语是世界上拼写规则最复杂的语言之一，1990年，为了解决法语中繁复、冗余、不规范的拼写问题给语言学习者带来的困扰，法兰西学院秘书 Maurice Druon 携法语最高委员会起草并提请法兰西学术院审议和通过了《法语拼写规则校正方案》。改革方案中涉及约2000个词。

法兰西学院强调这是一份为了简化法语拼写、消除冗余、规范部分外来词的拼写规则校正方案，并不涉及法语的核心拼写规则改革，而且法兰西学术院重申，实施和推行该校正方案的原则是“反对强制推行”，“官方推荐使用”，“新旧两套拼写规则并行有效”，“力图做到不人为干预语言的自然演变，让时间和社会实践来检验这套新的拼写规则”（1990 Documents Administratifs）。

《法语拼写规则校正方案》的改革细则指向了以下六个方面的规范目标。

其一，改革旧拼写法中存在歧义的拼写，通过规范拼写法区分词义，比如数字的拼写。

其二，改革旧拼写法中同家族词汇不一致的拼写法，如同源词在不同变化中拼写不一致、连字符使用不规范、复数变化规则不统一等，寻求整齐划一和规范化，便于学习者规律性地记忆和书写。

其三，简化旧拼写法中复杂、冗余、古怪、与读音不相符的拼写规则。比如，一些不发音的辅音被省写、一些已经没有功能的语音符号被取消，一些古怪的拼写法被取消等。

其四，规范外来借词的拼写规则、读音规则、复数变化规则等，使其更法语化。包括英语在内的外来词汇对法语的冲击不容小觑。方案指出，进入法语的外来词汇，推荐按照法语的拼写习惯拼写；有法语替代词汇的，推荐使用法语词汇；外来借词中的合成词按照法语合成词的构词规则和拼写规则书写；外来词汇的复数变换形式按法语的复数变化规则来书写。

其五，根据语音的发展演变规律和实际使用情况规范拼写规则。这次改革方案中涉及的由语音变化引起的拼写规则变化较多，体现了拼音文字的特点。比如，重音符号、尖音符号、分音符号、长音符号的相应变化。

其六，规范新词的构词规则。如，含有学科、科技语素“hydro -”（水电—）和“socio -”（社会—）等的科技合成词要按新构词规则去掉连字符。时代新词频出，每年都会有几千个来自经济、科技等前沿领域的新词，这些新词在构词规则上应遵循法语的构词规范。

通过这六个规范目标，我们可以发现本次正字法改革的推行正是因为旧的法语拼写规则在实际语言生活中遇到了困境。改革的根本目的就是要使法语拼写摆脱这种困境，实现多个方面的良性发展——提高法语学习者的学习效率，减轻记忆负担，优化法语学习者的“用户体验”，以利于法语的对外推广；面对日新月异的知识更新，增强法语表达科学技术、文化艺术等学科知识的能力，与国际通用语言形成良性互动的关系；面对法语自身快速的发展演变，革除旧的拼写形式以适应新的使用要求等。

但是，正如那句法国名谚“一切皆有例外”所讲，每一条新拼写规则都有例外，伴随新规则推行而来的问题是将会增加新的混乱和识记负担。比如：

（1）拼写中具有区别意义作用的长音符将继续保留，否则我们无法区分“dû”（应付给的）、“mûr”（成熟的）、“sûr”（确定的、肯定的）和“du”（应该）、“mur”（墙壁）、“sur”（在……之上）之间的意义差别。再如，“croitre”（生长）的动词变位（je croîs，tu croîs），如果去掉“i”上的长音符，就会和“croire”（信任）的动词变位（je crois，tu crois）混淆。

（2）并非所有的冗余字母都要去除，如，“colle”（胶水）、“folle”（疯狂）、“molle”（软质的）以及我们熟悉的以“ - otte”形式出现的词，如“botter”“de botte”等都将保持不变。

（3）并非所有带有“ - illier”的拼写都将改写为“ - iller”，有一些表示树木名称的词语例外，比如，“groseillier”（醋栗树）仍保持不变。

（4）并非所有的复合词组的复数形式都校正为新的拼写法，词组中有大写字母的，例如“prie - Dieu”（祈祷台），有冠词存在的，例如“trompe - la - mort”（玩命），将保持旧拼写法不变等。

正是因为反对者认为新规则不但没有减少拼写的混乱，反而催生了新的混乱，增加了更多新的例外，使记忆负担有增无减，加之法国语言文化中一直都有尚古、追求繁复古典的传统，法国知识阶层认为拼写规则改革破坏了法语的纯洁性。最终这次拼写法改革直到 2016 年也未能正式被教育部门引入教材中，仍然是通过报刊、图书、网络、词典、宣传手册等途径推荐使用。

从正字法改革事件可以看出，法语是一个有着精良和庞大规范化体系的语言，正因如此，它的改与不改都不是一个简单的问题，这不仅牵涉语言本体使用的问题，还牵涉政策制定者、语言管理者、政策执行者之间的各种关系和矛盾问题，我们将在第四章继续研究这个问题。

（二）“丰富法语”的新政策

新时期法语规范化主要面临的问题是如何既保持纯洁化的形象又不至于显得笨拙而无法适应新时代的变化。1972 年在各部委和机构间建立起来的术语委员会网络，发挥了法语规范化的核心作用，但众所周知，法语的很多专业术语并不被人们喜闻乐见，为了使法语标准语更好地应对越来越多的外来词，法国政府提出了“要以发展的眼光看待法语”，并于 1996 年 7 月 3 日，颁布了一个关于“丰富法语”的法令，其核心内容是：在遇到使用外语表达的概念、术语时，应尽量使用法语创造的新词新语来代替，尤其是科学、经济、技术领域的术语。虽然这个法令在最初颁布时，并不强制在国家行政部门和公共服务领域内执行，但它的颁布，意味着对法语新词新语的规范化走向了立法层面，相关人员，特别是笔译者、技术作家等群体被特别要求注意法语术语的使用。

近年来，法国对外来术语的规范化进一步严苛。2015 年 5 月 25 日，政府修订了 1996 年的法条，在新的法条中明确规定，在官方文件中，所有外来术语和表达都必须示范性地使用同等意义的法语表达，这意味着部分情况下法语术语表述已经成为强制性措施。与此同时，国家公务员、地方公务员，以及医院公共服务人员必须在执行公务期间使用这些外来术语的法语表述。此外，2015 年内政部改革机构成立了专门的“丰富法语委员会”，替代了原来术语委员会的工作，加大了科学技术专家、语言专家以及其他法语国家和地区（加拿大、瑞士、比利时等）的专业术语部门共同协作的力度。

新的丰富法语委员会加强并扩大了自身功能，由 19 名成员组成，主席由法兰西学院院士担当，由总理亲自任命，其成员大多来自法兰西学院、法语及法国境内语言总司和文化部门。每个部委仍然设有一名高级公务员负责该专业领域的术语造词工作，并负责与专家团队沟通，目前在14个部委中一共有10名高级公务人员和19个专家团队负责术语的法语新词规范工作，每年更新的术语词汇将以官方文件的形式公布。表3－1是2007～2014年术语委员会审定新词的会议次数和公布新词数的统计。据统计，截至2015年7月31日，总共审定通过并公布使用的专业术语及新词共计7207个。

表3－1　术语委员会审定新词会议次数及公布新词数量情况

单位：次，个

年　份	2007	2008	2009	2010	2011	2012	2013	2014
会议次数	159	160	148	160	144	141	136	125
公布新词数	317	462	276	247	392	299	346	243

资料来源：2017年法语及法国境内语言总司《法语使用报告》。

此外，政府在推广术语和新词上也采取了很多措施。

其一，利用官方通告等政策形式督促推广使用新词和术语。比如，1977年9月24日的通告：推荐使用术语委员会审定的官方法律术语，避免使用拉丁语形式，避免不在审定术语之列的外语表达，如果一定要使用，必须在后面用法语给出注释，或给出同义的法语形式。再如1994年4月20日关于公共服务人员使用法语的通告，通告指出：公务人员使用法语的兴趣和热忱程度会被计入他们的年度考评当中；最大限度地宣传并确保经审定的专业术语能够在所属的专业领域中得到应用；经由公共机构产生的文件和公告都不能与法语使用的相关法律和法规相违背；在培训项目中，公共机构应关注法语的重要性是否得到了体现；在与外国人的接触中，公共机构要根据国际关系中使用法语的相关规定严谨小心地履行职责，在可以选择语言时，必须优先选择法语。

其二，建立术语查询网“FranceTerme”，帮助普及各个专业领域最新术语的英法文对照表达。以前，术语查询网的术语主要集中在农业、石油、能源、自动化、通信、医药等领域，近年来，术语查询网不断扩大术语的领域，开始上线教育、科研、健康、法律、国际关系等领域的新词新语。

在法国政府看来，法语术语的规范化不仅是为了丰富法语，更是在保障公民说法语的权力，与《法语使用法》的立法宗旨是一致的。只有积极创造法语新词，并积极传播分享这些新词，才能保障世界上3亿法语使用者的语言体验和语言权利。从这个角度来说，规范法语也是一种稳固语言统一市场的服务意识。

（三）法语的数字化和信息化

新时期法语规范化政策的另一个重点是加快语言的信息化和数字化，这是决定法语在新一轮的全球信息技术竞争中能否占得一席之地的重要手段。

法语在社交网络中的活跃程度，是衡量政府法语信息化服务的指标之一。根据2013年comScore公司的调查，活跃在社交媒体上的法语网民约有4800万人，他们平均每周花费在网络空间的时间约为27个小时，超过了欧洲的平均值。

法国互联网域名管理协作组织（AFNIC）近年来主要与政府合作，专门负责法语的互联网推广工作。首先，2014年，该组织在法国境内新开放了五个地方行政区划域名，分别是“. alsace”（阿尔萨斯地区）、“. aquitaine”（阿基坦地区）、“. bzh”（布列塔尼地区）、“. corsica”（科西嘉地区）和“. paris”（巴黎地区），目的是增加这些地区在互联网技术领域的竞争力，也为当地网民与世界互联网的沟通提供了便利。该组织还建立了专门的服务网页，以缓解域名申请量的大幅增长，2013年法国国内的互联网域名申请量增长了8.2%，高于世界平均增长水平7.1%。

法语互联网的语义网和数据库的发展也是政府政策的重要内容，主要体现在建立了法语的互联网百科服务，实现了法语百科全书数据库的建立。目前这个法语百科全书数据库中，音乐、建筑、文化遗产子项目都已经完成，区域语言遗产（比如奥克语）的数字化网页也在建设当中。为了推行语言文化多样性政策，文化部启动了互联网语义网络项目。首先，法语及法国境内语言总司在维基网上建立了博物馆在线，拉近了文化遗产与受众的距离；其次，法国博物馆的近 30 万件作品被使用 14 种语言在线展示，既实现了公共信息数字化，也推广了多语主义语言观；最后，2014 年，国家还设置了“智能数据库”大奖，吸引相关个人和公司参与到公共信息数据化的研究中来。此外还有不少项目致力于机器人的口语问答研究。

法国政府加强了语言标准化。比如，为了使法语和法国境内的其他语言在互联网上更加便利准确地输入，法国标准化委员会准备推出新的电脑键盘。目前法国使用的“azerty”键盘虽然不同于一般的英文键盘，但对于法语的正确标准输入还是有许多局限，比如，法语拼写中的重音符号，特别是大写字母的重音符号，还有一些法语特有的音符“ç、æ、œ”的输入都容易出错，同时旧的键盘还无法输入巴斯克语、布列塔尼语的某些字母，这对于语言多样化政策以及区域语言的信息数字化非常不利。新的法语键盘将由法语及法国境内语言总司与标准化委员会共同研制推出，但暂不强制推广。

三 标准语规范化的意义及危机

（一）意义

我们仍然使用布迪厄的理论体系来分析法语规范化的意义。

首先，法语标准语的规范化巩固了法语作为合法语言的正确性和权威，是实现法语使用者语言利润的一种方式，标准语的正确性使交流更有效率。

其次，规范化的标准语对于社会有积极意义，表现在对社会方言、区域语言和方言的特殊作用上。社会方言常常标志了个人的社会身份和社会阶层（Labov，1966；Trudgill，1974），除了年龄、性别以外，社会阶层的语言价值体系，尤其是精英阶层（更多的是政治精英）的语言价值体系更能标志身份。使用规范化的标准语，可以减少语言歧视，保护人权。标准语的规范化进入国民教育体系后，增加了社会公平竞争的机会，提供了社会阶层向上流动的渠道。

最后，标准语的规范化，对于教育规范化有积极的意义，也为建立统一的意识形态教育、统一的语言测评体系、统一的人才就业市场、统一的选拔制度提供了最基础的条件。这些体系的统一，又反过来构成了维护法语语言统一市场的制度保障，对维护法语的合法地位起到了促进作用。

（二）危机

法语作为标准语，受到了国民认同，但是法语标准语也面临危机，它的危机主要来源于内、外两个方面。

内部的危机主要体现在三个方面。

其一，法语政策的时效性问题。法兰西第五共和国成立后，政府颁布了各种规范化法律、法令、法条、通函等，一些政策法规的时效性越来越凸显，有些早期的法令可以追溯到20世纪70年代。但是，词汇领域已经信息化、电子化，变化日新月异，即使是10年前的一些说法都已经不存在了，有些规范面对新的语言问题已经显得不合时宜。

其二，语言法规法令的执行也是一个问题。1978年的语言调查显示，公务员在使用专业术语时效果并不乐观：15%的人在工作中使用它们，46%的人拒绝使用，30%的人表示要根据具体情况来决定使用与否，还有9%的人没有回答这个问题（Fugger，1979）。

其三，近现代法语新词的创造也遇到了很多问题，和英语相比，法语的能产性比较落后。埃杰（Ager，1996）认为，英语的创新比较容易，构词法比较多样，词性活用现象丰富，语义变化也非常灵活，加上英语的传播不仅伴随着英国的语言历史、帝国贸易，还伴随着经济、政治、文化的持续发展，世界上说英语的国家也与日俱增。法语创造新词的能力却与英语正好相反，一些评论认为，法语创造新词比较困难，因为法语的新词一般要以语言系统中原有的语素为基础，通过合成手段来完成新词的创造，完全没有依据的新词在法语中非常少见，所以常常借用其他语言中的词。这样的借用词如果太多，法语的纯洁性就会受到影响。此外，法语在一些新兴的领域，比如计算机、流行音乐、潮流文化方面，创造新词也很困难。有评论认为，法语中大量的词语在衰退（Broglie，1986），而法语从过去的阿拉伯词汇、非洲词汇、加拿大词汇中借用的市民阶层的新词语，又不太容易被字典（规范体系）和主流社会所接受。由此可见，纯洁性是影响法语能产性的原因。

正因为法语在规范化过程中表现出的纯洁化倾向，有人甚至怀疑法语的规范化是否在阻碍法语的发展。埃杰认为，规范化应该与语言发展是平行发展的，只需要做一些系统化和定义新概念的事情即可，而法语的规范化显然走得太远了，法国人认为语言的稳定性比拥有弹性空间更重要，因此过于严苛的规范化已经使法语显得愚笨低效了。法兰西学院和术语委员会仔细检查审定所有的新词和表达，使法语变成了完美的工具，却严重影响了自身的发展。Martinet（1969：29）指出，法语的规范化努力地训练人们遵循旧的规则，尊重经典语例，反对创新，使他们认为法语是法国的语言，法国是法语的保护者，使他们不敢随意去创造改变，也不允许使用它的人随意去改变它，以此来确保法语的高品质。其实，语言是需要发展的，而且需要它的使用者们共同参与。

在全球化日益加深的今天，法语的规范化也面临越来越多的问题，比如法语世界已经不再被认为是单一标准语的代表，已经变为多中心的语言。最近，Pöll 总结法语的书写体状况时说："法语错误地被认为是具有唯一标准体的语言。"也就是说，法语也开始像英语一样具有多个地域变体了。是继续使用单一的规范化标准，还是协同法语世界制定新的更具有弹性的标准？这是法语未来将要面对的问题。此外，面对法语信息化和对外传播的需要，拼写法是否需要简化以适应外语学习者的需求？随着移民人口比例的增加，一些由语言接触产生的新语言到底该如何规范？这也都是法语要面对的。

第四节　法语教育政策

大革命以后，法语教学就成为国家性的事务。19～20 世纪，法国教育部门成功地对所有学校的法语课程和外语课程实施了指导和建议。除了课程的设置，“政策规范甚至具体到了语法和拼写，如哪些错误是可以被接受的，哪些是不能被允许的”（Ager，1996）。目前的法语教学政策包括每年的教育项目、出版计划，以及语言规范的弹性标准，包括哪些在考试中可以被接受，哪些在考试中不能被接受。1994 年的《法语使用法》也规定了一些特殊的教育政策：首先，掌握法语和两门外语是国民教育基础目标的一部分；其次，文化部宣布欧盟在 1995 年通过法语为优先学习的外语，并鼓励欧洲的每一个孩子都学习两门外语。

一　法语教学

法国政府提出法语教学是学校教育的中心内容，也是学校对学生进行道德、公民教育的关键，是对全体国家公民的基本要求。

法国政府对幼儿园至大学的各级学校教育体系都提出了法语能力要求。

在幼儿园阶段，政府提出要全方位地培养法语能力，通过减少儿童的语言差距减少不平等，提出“要使用法语来行动、表达、理解体育活动、理解艺术活动乃至构造思维结构直至最终使用法语探索世界”。

2018 年 3 月 28 日，新当选的法国总统马克龙宣布修改义务教育初始年龄，即把法国的义务教育体系年龄从原来的 6 岁（小学）下调到 3 岁（幼儿园）。这一改革于 2019 年实施，尽管目前法国 79% 的儿童已经从 3 岁开始进入幼儿园，但仍有约 26000 名法国儿童没有在其中。马克龙说：“幼儿园不是一个只负责看护孩子安全的地方，或只是一个为小学的学习做准备的地方，而应该是一所真正的学校，专攻语言与孩子们的成长。”马克龙此举体现了对学前法语教育的重视，毕竟在法国移民问题越来越严重的今天，母语非法语的移民儿童越早学习法语，就越能平等地获得教育机会，也越能融入法国社会，减少社会问题。与其说这是一项教育举措，不如说是一项针对法语弱势群体的语言政策，目的直指语言带来的社会问题。

在小学、初中义务教育阶段，政府从 2016 年起开始提出：“法语是获得共同知识、储备通行文化能力的基础。”“法语是各领域共同知识的核心基础，法语在普通学校各门课程中的位置是最首要的，特别是对于所有语言类型知识的工具作用，比如学习外语和区域语言、数学科学信息语言，艺术身体语言等。”“掌握法语还在思想和交际领域、学习工具和方式、个人和公民培训、自然和科技体系以及世界和人类的行为表征中占据最核心地位。”

基础教育中对法语的分阶段学习和考核依次为：小学一至三年级为第一阶段，主要学习法语的口语、阅读和书写能力、书法以及语言知识。四至六年级为第二阶段，强调准备好初中阶段需要的读写能力，并加入文学艺术作品。到了初中阶段，学习不同体裁、题材的文学艺术作品，每一种体裁仍强调口语、阅读和写作能力的培养。

此外，对于学校的教学语言，国家的法律也做出了规定。1994 年，《法语使用法》规定：“公立、私立教育机构的教学语言、考试语言、论文写作语言是法语，除非证明涉及法国各地区语言文化的教学或外国语言文化的教学需要使用法语之外的语言，或教师是来自国外的客座教师、特邀教师。”“其他例外情况，如外国学校或专门为招收外国学生而设立的学校、开设国际教育专业的学校，可使用法语之外的语言教学。”

二　其他语言的教学

法国《教育法》第 L. 1213 条有如下规定：“教育的基本目标之一，是让学生掌握法语并了解其他两门语言。”

《法语使用法》第二款规定：“有关指导教学方向的 1987 年 7 月 10 日的第 89 – 480 号法第一条第二款后插入如下一款：精通法语并通晓两门外语是基本教育目标的一部分。”

法国语言教育政策中，除了法语教学，外语教学也是政策规划的内容。值得一提的是，1994 年以后，区域语言教学被放在了外语教学体系中。

在 1951 年的《戴克索纳法》中，对四种区域性语言（巴斯克语、布列塔尼语、加泰罗尼亚语、奥克语）做出了规定。这些语言只能在公立教育体系中被教授，而且每周只能允许 3 个小时的基本教学。但是它们被列入了法国高考系统，作为附加选考内容，不计入一般或高级别选拔的成绩，但是可以作为对孩子受教育状况的辅助证明。

关于区域性语言教育的规定是这样的：在初中，从初一到初四（初中四年制）每周有 1 个小时语言选修课时间，在初三和初四，每周有 3 个小时其他语言课程，包含在选修课、主修课中；在高中阶段，区域语言可以作为第二门、第三门外语被列为选修课或者主修课，在高考中，区域语言考试成绩可以作为选修课或主修课计入总分，但只适用于特殊的选拔类型。

在高等教育中，区域语言一般会单独设立专业，都设有该语言的等级水平考试，比如巴斯克语、布列塔尼语、加泰罗尼亚语、科西嘉语、高卢语（布列塔尼边界地区语言，在高考中只有口语考试）、奥克语（有七种方言变体）。

1994 年以后，相继为一些区域语言的双语学校提供了鼓励政策，比如巴斯克语和布列塔尼语的双语学校，1994 年 9 月以后，国家要为教授这些语种的教师提供薪水（Le Figaro，10 August 1994）。

下面我们来看看 1992 年双语学校登记在册学生人数统计情况（见表 3－2）。

表 3－2　1992 年双语学校登记在册学生人数统计

单位：人

区域语言	人　数
阿尔萨斯语	82432（小学、初中）　66826（高中）
巴斯克语	4563（小学）　2193（高中）
布列塔尼语	7343（小学）　4000（初中）
加泰罗尼亚语	8569（小学）　1562（初中）
科西嘉语	11749（小学）　5183（初中）
奥克语（7 种方言的总量）	62579（小学）　9270（初中）

由于 20 世纪 60 年代至 80 年代是法国移民潮时期，针对非法国本土的

少数民族语言，政府于1973年开始实施“Sending”计划，即在小学阶段教授移民学生母语和母语文化项目（Ager，1994：35－52）。主要由母语国提供教师和物资，项目涵盖的语言包括阿拉伯语（主要来自阿尔及利亚、摩洛哥和突尼斯）、意大利语、葡萄牙语、西班牙语、土耳其语和塞尔维亚－克罗地亚语（后者原来由南斯拉夫提供支持，但后来分为塞尔维亚和克罗地亚两个国家，支持也随之消失了）。教学采取双语课程，但数量有限，1990～1991年，参加学习的学生只有500多人（Varro，1992）。

在教育政策之外，没有关于这些语言地位的立法和政策，它们一直是被国家忽略的。然而在1994年，这些移民语言、区域语言作为外语教学的一部分，在教育系统中和外语一起竞争，供学生自主选择学习（Bulletin Officiel，8 Decembre 1994，4，3285）。这些语言包括阿拉伯语、波兰语、葡萄牙语、亚美尼亚语、土耳其语和越南语，后面三者是在1994年加入的。

在政府的官方文件中，给出了选择外语的指导性意见，即要根据欧盟法定的官方语言，选择那些被广泛在国际间使用的语言。因此1995年时，有20种外国语言在学校被教授和测试，包括阿拉伯语、亚美尼亚语、汉语、德语、丹麦语、英语、芬兰语、荷兰语、现代希腊语、现代希伯来语、意大利语、日语、挪威语、波兰语、葡萄牙语、俄语、西班牙语、瑞典语、土耳其语和越南语，还包括区域语言（根据课程需要被选中替代外语）和特殊的移民语言及其文化。

在高中教育中，一般8～15个学生形成一个班，任何外语语言都可以选修，如果没有本土教师，也有相关规定来解决。在小学，也从1995年开始，成功地实现了外语教学。

国民教育系统内的第二语言学习包括18种外语和13种区域语言，以欧盟国家为主要就业中心的“多语主义教学模式”被谨慎实施，包括“1＋2”或“1＋1”语言计划。然而，往往英语成为98.7%的学生选择的对象，很多语种形同虚设，但国家仍在向多语主义开放，2014年高考有30种语言进入考试范围；多语主义被当作缓和民族矛盾的有力政策，法国鼓励移民尽量学习自己的母语，并实施母语语言文化计划（ELCO）。为了加强对民众语言经历的管理，计划实施“个人语言生平计划”，除了从语言角度更多地了解人的文化背景以外，加强对移民及多语言文化背景人群的监控也是必须考量的因素。在本书第五章，我们将给出近15年区域语言的状况和数据，以期与20世纪90年代的情况进行比较。

第四章　法国语言政策的产生机制研究

语言政策的产生机制反映了国家语言权力体系的结构与功能。我们不但要研究语言政策本身，也应该了解产生它的土壤。下面我们将从语言政策的产生、政策网络的结构与功能及政策网络参与者的协商与博弈三个方面论述法国语言政策的产生过程。

第一节　语言政策的产生

首先我们来探讨法国语言政策过程中的第一个阶段——政策产生阶段，希望能厘清是什么语言问题引起了政策制定者的关注，为什么语言政策领域的某些问题在一个国家比在另一个国家能引起更多的兴趣和关注。

Brewer 和 de Leon（1983，引自 Ager，1996：76）在《政策过程原理》（*The Foudationsof Policy Analysis*）中建议：政策问题引起政府的注意，有很多不同的渠道和原因，比如政治团体、压力集团、其他政策的影响，国家和国际政策的变化，社会经济环境等。事件引起政府的关注也有很多的路径，比如通过政府工作人员发现问题，通过压力集团施压，通过政治党派以及一般民众施压等。

一个国家语言政策的产生，首先考虑的是语言权力的分配问题。国家政治权力平权化以后，语言权力也面临平权化，相应地表现在平等受教育权上，这时，“扫盲”和“移民语言问题”就成了最主要问题。

一　扫盲与语言平权化

“扫盲”运动成为把贫穷和未受教育的人们从无知、饥饿、疾病中拯救出来的主要手段。“扫盲”与国民的整体语言文化水平息息相关，国家采取的行动越多，国民的识字水平就越高，所以“扫盲”成为一个国家语言政策的首要问题。

19 世纪末期（1881 ~ 1886），法国对初等教育实行了免费义务教育，希望使全体国民具备最基本的识字能力和算数能力。这个想法是与国家的社会政治经济目的息息相关的，因为工业社会需要更多能操作复杂机械化工具、能理解各种生产程序的社会劳动力，同时为了建立公民社会，国家需要培养能积极参与社会民主活动的城市公民，这些都与识字、受教育分不开。义务教育可以看成最早的扫盲政策。1886 年以后，法国建立了国民义务教育体系，教育机构是合法语言权力的最好制度保障，这种制度可以确保每一个适龄者都接受识字教育，从体制上杜绝了文盲的产生。法国的教育体系施行督学制，教师的设置、课程的安排以及考试系统都由教育部部长控制，考试的效果由一名专业督学监督，并每年出具一份报告（IGEN，1991，1992）①。这种沿用至今的督学体制是一种中央集权的方式，国家意志在这种体制下可以得到最大限度的体现。所以当全球掀起扫盲运动时，法国政府骄傲地认为，在这样完善、强权的教育体制下，法国已经实现了“零文盲”。

除了教育体制的保障，国际组织开展的扫盲运动也会促使国家制定相应的扫盲政策。二战以后，国际组织尤其是联合国教科文组织（UNESCO）在世界范围内推行的扫盲运动对各国的语言政策都产生了重要的影响。它们提出在发达国家和发展中国家中开展扫盲运动，这种意识与观念在世界范围内得到了传播。

联合国教科文组织的扫盲运动经历了三个历史阶段。

---

① 是 1991 年和 1992 年的法国官方国家教育普查报告。

第一个阶段，20世纪50年代，联合国教科文组织给出了文盲的定义，指出文盲是指一个人在他的日常生活中不具备读和书写简短书面语形式的能力。并提出了公民识字率等指标，尤其关注第三世界国家的大众文化水平。

第二个阶段，是20世纪60年代中期至70年代初期，联合国教科文组织提出了“功能性文盲”（illettrisme）概念，它是指一个人的读写能力不足以支持他在团体或社区内进行有效的功能性活动，也不能通过读、写、算的活动来促进自身和社区的发展。与普通文盲不同，功能性文盲还包括缺乏专门性、技术性知识，功能性扫盲是为工业社会的公民提供职业训练，提高其生产力，促进其积极参与社会生活，更好地与周围世界联系起来，这是一种功能主义的扫盲，而与功能性问题密切相关的术语问题也开始持续影响着联合国教科文组织（Limage，1993：23－24）。

第三个阶段，虽然功能性扫盲比以前的普通扫盲运动更先进、更广泛，但很快就因其狭隘、刻板遭到了各方的批评。人道主义者批评它把教育中心点局限于狭隘、基本的功利主义的作用上，个人的动机和志向长期以来被忽视了（姚远峰，2007）。于是到21世纪，联合国教科文组织实施了理性务实的现实主义扫盲，并提出了全民识字、全民学习、全民“声音”的发展目标。

国际组织主要通过世界性的运动来影响各国的扫盲政策。比如，美国联邦政府的“正确朗读”计划于1971年开始实施，到了1975年，仍大约有23%的美国人被认为是功能性文盲，在英国、比利时、荷兰也显示有7%～10%的功能性文盲。1979年欧洲议会开始对各成员国进行文盲调查，报告显示，1981年，大约有1000万欧洲人是功能性文盲，占总人口的4%～6%。1982年在移民和欧洲南部居民中，功能性文盲的问题还没有得到缓解。

在法国，1979年和1981年的两份关于贫困的报告显示，贫困和社会剥削是导致文盲的主要因素，扫盲运动是一种社会补救性措施。1984年1月11日，法国政府通过了一系列政策措施来应对文盲问题，包括：建立国家网络，培训教师，把扫盲纳入国家、地区政策中，培训年轻的无业者，建设图书馆，普及电脑阅读，研究法语教学，为社会困难人员提供教育支持（比如，针对监狱或收容所人员、妇女）等。最值得一提的是，发布了《世界语报告》（Espérandieu Report），这份报告获得了联合国教科文组织颁发的荣誉勋章。这份报告认为，在发达国家，尤其是在公共教育体制健全的法国，已经没有普通意义上的文盲了，因为法国针对退学、辍学、移民等人群的语言识字问题，都有完备的特殊计划来应对。该报告第一次使用“illettrisme”（功能性文盲）这个词来描述法国本土法语使用者中的文盲，事实上法国民众并不觉得普通文盲已经完全消失了（Borkowski and Dumoulin，1994：221）。

据埃杰在1996年的研究，《世界语报告》主要由三个民间非政府组织来完成，分别是：第四届国际扶贫运动（ATD）、家庭联合组织（Confederation Syndicale des Familles）、法语读者联盟组织（AFL）。第一个组织是一个国际志愿者组织，有大约300名志愿者，其中150名左右来自法国，他们在全世界18个国家义务传播和教授世界语，他们领很少的薪水，还有近10000名志愿者是完全没有薪资的义务劳动者，他们大都来自法国。这是一个非政府组织，该组织的创立者和常务理事，是一些重要政府组织的成员，比如经济社会委员会（Conseil Economique et Social），或者是一些国际组织中的工作人员，比如联合国教科文组织、国际劳工局、欧盟委员会等。这个组织1979年劝说欧洲议会着手解决文盲的问题，其建议是通过政府和管理机构改善文盲人群的贫困状况。然而有一些人并不认同帮助世界脱离贫困组织的方式，他们认为帮助世界脱离贫困组织只关注穷困并坚持使用一些新资本，这是很危险的，这根本解决不了文盲的问题，因为大量的功能性文盲其实并不极端贫困，只是不能参与社会生活。

法语读者联盟组织是国际阅读协会的法国分支机构，它采用了不同的解决文盲问题的思路，它觉得解决文盲问题并不是要解决基础的福利问题，而是要使四分之三的人口重新得到阅读的训练。它有一个非常活跃的领袖（Jean Foucambert），资金来源也不仅仅是政府资助和社会捐赠，它还卖一些阅读产品，比如电脑助手之类的辅助阅读工具，也经营培训和出版行业。它指出，健康的民主社会必须要依赖提升全体公民的阅读能力，而目前正确的阅读方法最多只惠及了 20% 的人口，还有 80% 的在读学生被不适当的阅读方法所困扰，引用 1982 年 INSEE 的调查①，64% 的法国人只有初级或低于初级的阅读水平。

由此，可以看出，一个国家语言政策的出台必须具备以下一些条件。

第一，要承认语言问题的客观存在。法国人认为自己的教育系统非常完备，并不认为法国存在文盲问题，成人的功能性文盲问题到了 20 世纪 80 年代才真正被认识到。正因为认识到了功能性文盲的问题，政府才开始调整扫盲政策，侧重于解决移民融入社会和就业的问题，给予他们职业培训的机会，而不仅仅是完成一般的语言学习。

第二，中立机构调查报告的出现，以及民间非政府组织的作用。它们的调查更具有真实性，使文盲问题被政府更清醒地认识。

第三，国际大事件的影响。法国的扫盲运动受到了欧洲议会大调查的敦促，同时，1979 年美国扫盲运动也影响了法国的扫盲政策。而此前法国向联合国教科文组织宣告自己是零文盲。

第四，意识形态的作用。比如不同执政党的意识形态有所不同。法国当时的执政党是社会党，政府希望优先保持社会公平，更愿意看到通过解决社会福利问题，解决贫困问题，最终解决文盲问题，但这种做法与之前的总统采取的方式是完全不同的。

二　法国移民的语言问题

语言平权化的第二个方面是移民语言问题，移民语言政策关涉语言权力分配，即在什么时候，在什么样的环境下，谁有权力使用什么语言。

20 世纪来到法国的移民，大多数是经济难民，只有少数是 1962 ~ 1963 年阿尔及利亚内战时期申请政治避难的移民。1974 年以后，以家庭团聚名

① 法国国家统计局关于学习经济的年度统计报告。

义进入法国的移民大量增加。

1992 年在法国的移民人口分布统计情况如表 4 - 1 所示。

表 4 - 1　1992 年在法国的移民人口分布统计

单位：人

国家或地区	人数	国家或地区	人数
葡萄牙	645578	北美和南美	77554
阿尔及利亚	619923	南斯拉夫	51697
摩洛哥	548708	比利时	51483
意大利	253679	波兰	46283
西班牙	216015	其他国家	687694
突尼斯	207496	总　计	3607518
土耳其	201408		

资料来源：1992 年法国国家统计局年度统计报告中关于学习经济的统计。

从表 4 - 1 可以看出，1992 年法国的葡萄牙移民最多。但来自非洲马格里布地区三个国家的移民总数达到了 1376127，约占移民总数的三分之一，阿拉伯语逐渐成为这些移民的共同母语，“其他国家”这一项里的移民也主要来自非洲国家。

法国移民的另一组数字揭示了其地域分布状况：出生在法国境外的移民约 290 万人，出生在法国境内的移民约 70 万人，这两项之和构成了上表中约 360 万移民人口总数。出生在境外的法国公民有 130 万人，儿童移民（自动获得法国国籍）500 万人，孙辈移民 440 万 ~ 530 万人（Ager，1994：35 - 52）。从法属海外省（DOM - TOM）来的移民也有约 52 万人，地域和出生状况可以充分显示移民的语言问题。

根据 2012 年较新的统计，法国排名前三位的移民来源国并没有变化，仍然是葡萄牙、阿尔及利亚和摩洛哥，据法国移民服务机构网站的介绍，法国移民中 45% 来自欧盟的其他成员国，30% 来自北非和西非的国家，14% 来自亚洲国家。

移民的语言问题与社会、经济和政治问题紧密相关。移民在法国往往没有工作的资格，或者只能做一些不需要太多准人资质的工作（70%）。他们住在工人阶级集中的城郊地区，有一个成员众多的家庭（平均3.15个孩子，而法国一个普通家庭的孩子大约为1.8个）。第一代移民一般很少有受教育的机会，尤其是妇女，他们的法语知识都非常有限。对于移民家庭而言，语言问题主要体现为不同代际法语能力的高低差别。对于第二代移民来说，适应法国社会的语言、文化双重要求成为最大的问题（Anderegggen，1993；Costa-Lascoux，1994；引自Ager，1996：86）。他们生活在双语环境下，会产生很多语言问题：首先，由于法语对移民语言的绝对权力，移民很难在法国保持自身的文化身份；其次，移民语言与法语发生语言接触，产生一系列借词、语言混合、语码转换等现象。

（一）移民问题引发的“母语及母语文化项目”政策

面对移民语言问题，法国采取的政策措施是针对移民子女进行语言教育，支持并帮助孩子们在保持原有身份语言文化的同时，进入法语主流教育体系，以更快适应法语社会。早期解决的办法是推出“母语及母语文化项目”（Langues et Cultures d'Origine，LCO）。

“母语及母语文化项目”从1973年开始实施，需要移民国派出母语教师来法国教授移民的母语和母语文化，目的是鼓励移民更好地融入法国学校，同时对自己的母语文化保持一种开放的心态，让移民重新回到祖国成为一种可能。当时这一项目得到了八个国家的支持，它们从自己的国家选派教师去法国的学校教授移民母语和母语文化，每周三个课时（Varro，1992；IGEN，1992：43-50）。1991年，该项目向5000所学校的12万名学生（其中有8000名学生是在中学阶段）提供了母语课程，参加该计划的八个国家累计派出了1400名教师，这些教师都是由派出国选拔和支付薪酬，并且由他们自己来设计母语教学项目。但该教学项目没有被列入法国教育部门的考试和评估体系中。

来自马格里布地区的移民学生也参加了这一母语学习计划，这些学生的反映并不那么好，他们说，法国的学校事实上是监督者的身份，很多问题没有解决，导致这个学习计划不能取得好的效果。这些问题包括：只在部分学校安排了该计划的课程，仅有 22% 的孩子受到惠及；马格里布地区老师的课程在学校被戏称为“问题课程”；大多数老师不只在一所学校教学，老师们常常奔波在 4 ~7 所学校之间；他们也没有被列入法国学校普通教职员工的名册中。还有很多实际的生活困难，如交通问题等，他们自己国家的政府和法国政府都没有采取积极的措施来解决这些问题。

这些母语课程的教学班级，往往人数众多，教授的语言还常常不是孩子们真正意义上的母语，比如经典阿拉伯语经常被教给来自马格里布地区的孩子们，或者来自非洲其他地区的孩子们，比如马里等，其实，在这些国家，孩子们在家里大多都不说阿拉伯语。在意大利，注册参加这个项目的老师还有不是意大利人的情况。教学质量也存在很多问题，比如文化课经常被讲成了宗教课或者派出国的社会实践培训课。没有经过培训的教师常常使用传统的教材，死记硬背的学习方法让学生十分反感，有些落后的学习方法是在法国已经被淘汰的，语言学习的素材十分贫乏，因此孩子们常常觉得参加 LCO 计划的课程没有什么价值。加上这门课的成绩不计入学校的评估体系，课程时间还常常与其他课程冲突，因此 1994 年后，社会经济委员会（Economic and Social Council）在报告中严厉地批评了 LCO 政策：“这种短时间教授母语的计划，设计不合理，难以帮助移民学生理解母语和母语文化，还妨碍了移民融入法语教育体系。”（Boquet，1994：75）

这样的语言课程不可能立马解决孩子们使用母语进行实际交流的问题，但是对移民孩子的个人成长还是有帮助的，可以帮助他们认知自己，认知他们的家庭以及他们所属的社会群体，或者用这样的教学来介绍一种他们已经非常熟悉的外语文化（Boquet，1994：78）。尽管 LCO 计划的初衷是高尚美好的，组织模式实用可行，教学方法也很丰富，但大多数地区的实践结果显示，该计划与国家的移民融入战略格格不入，到 20 世纪 90 年代末，这项语言政策被终止了。

（二）移民问题引发的对外法语教学政策

法语作为第二语言教学的兴起，最初主要是针对移民的一种语言教育政策。最早在20世纪70年代初，针对进入法国教育体系的移民孩子的语言问题，学校设置了语言体验班（CLIN）和语言适应班（CLAD），希望帮助移民孩子在一个现代且规模比较小的环境中学习法语。1984年，法国共开设语言适应班180个，2667名学生参加了学习，1991年，巴黎地区开设了最大数量的语言体验班（76个）和语言适应班（29个）。当时法语作为第二语言教学在学院体系中地位比较低下，师资缺乏，教学研究和教学方法也很匮乏，这两种教学班马上被督学提出了质疑（IGEN，1991）。

母语保持也好，把法语作为第二语言学习也好，最主要的问题是移民通过这样的学习反而被与普通的孩子及一般社会阶层隔离开了。这样的结果是，孩子们既失去了来自自己族群的支持，也失去了来自法语主流社会族群的认同。不仅如此，这种社会身份的双重退出，还会让孩子们对自己的长辈产生不满，比如法国学校的家长会会绕过移民孩子的家长做出一些决定，因为移民孩子的家长往往口齿不清，对教育体系不了解，也起不了什么作用。移民孩子们的家长法语知识不够好，有数据显示，98.79%的土耳其家长、87.72%的摩洛哥家长常常跟自己的孩子说其他语言。这样的家庭中，有些孩子有双语环境，而更多的孩子是被父母的单语所包围，社会经济委员会对这种母语文化包围式的交流非常不认同，他们支持以融入为基础的政策，因为他们认为这样才能确保移民获得平等的语言权力。

我们从法国移民语言政策的制定过程可以得到以下三个方面的启示。

其一，移民性质的变化及融入问题成为语言政策产生的主要驱动力。LCO计划的产生最初是由当时的移民状况决定的，政府认为当时的移民在法国的工作只是暂时性的。那时的语言政策主要被定位在支持移民输出国的所有需要，帮助移民回归母语和母语文化，并期待他们离开。随着法国社会移民性质的改变，语言政策也做出了相应调整，目前法国社会最大的移民团体来自北非马格里布地区，以同化、融入为导向的语言政策开始实施。但是这种政策效果并不理想，欧洲与非欧洲文明之间的文化差距巨大，有人认为马格里布人不可能被同化：他们的服装、习俗、传统使他们很难接受法国的传统行为，他们拒绝被同化为法国方式，而法国社会又并不愿意为他们设立一个新的准入标准。

其二，法国历史上缺乏任何除法语以外的语言保护政策，这源于法国对公民和国家的基本定义，移民语言问题的关键在于移民对这一观念是否认同。法国历史上没有任何除法语以外的语言保护政策，这一传统可以追溯到法国对公民身份和国家定义的认识传统上。“国家”在法语体系中，是一个契约的概念，是人民和政府相互协作，是个人的目标支持国家并且融合为国家的一部分，而不是同根同源的一个族群聚合在一起的概念。法国目前使用的国籍原则也是属地主义的，即以个人的出生地为划分国籍的依据，而不是以血统为主要依据。也就是说，一个人如果出生在法国的领土上，当他成年后就自动获得法国国籍，或者当他出生时，他的父亲或者母亲已经是法国公民，他也可以获得法国国籍。国籍意味着公民权利，如果你成为法国公民，你将自动获得作为文明社会一员的权利和责任。在法国，1789 年的《人权宣言》[①] 仍然是现代公民权利的主要依据，那时候的法国没有保护少数民族、区域和少数族裔语言的政策，也没有相关的外语政策，有的只是对区域语言实施的同化政策。对于移民语言问题，法国政府也希望用同样的同化策略来对待，因为政府认为，对那些希望留在法国长期生活的移民来说，重新拥有一个国家、一个国籍、一种语言、一种教育体系才是改变个人命运、取得个人成就的最好方法。

---

① 《人权宣言》（即《人权和公民权宣言》，1789 年 8 月 26 日颁布）是在法国大革命时期颁布的纲领性文件。德国学者耶利内克（Georg Jellinek）认为《人权宣言》以美国各州宪法的权利法案为蓝本，甚至“基本上是抄袭北美各州权利法案而来的”，法国学者布特米（Emile Boutmy）则认为《人权宣言》是法国的文本，是法国原创的，与北美的权利法案都源于欧陆的“18 世纪精神”。关于这一点，学术界目前仍没有共识。可以确定的是，该宣言确实采用了 18 世纪的启蒙学说和自然权论。其中宣布自由、财产、安全和反抗压迫是天赋不可剥夺的人权，肯定了言论、信仰、著作和出版自由，阐明了权力分立、法律面前人人平等、私有财产神圣不可侵犯等原则。法国是启蒙运动的核心。两百多年来，《人权宣言》的精神、原则和规范已融入社会生活的各个方面，不但形成了法国宪政文化的鲜明特色，而且对西方近现代的历史产生了深刻的影响。从一定意义上可以说，法国人权宣言是西方国家人权宣言的集中代表。法国人权宣言的历史演变，反映了整个西方世界人权观念演化的历程，1946 年法国《新人权宣言》草案则是联结近代与现代西方人权的中介和桥梁。因此，围绕《新人权宣言》草案展开对法国历史上不同时期人权宣言的比较研究，可以看到西方人权观念历史演变的清晰轨迹。

其三，跨文化教育政策的实施能帮助缓解移民语言问题。20 世纪 90 年代初期，政府希望通过实施跨文化教育对移民语言政策做一些补益。跨文化教育的目标，一方面是确保外国文化的价值，尊重其他文明，另一方面是利用文化交流促进外国移民和法国人之间互相尊重、彼此认同（IGEN，1991）。采取的方法是在法国教育体系内教授主要移民社群的语言及文化，并让其进入考试系统，与此同时，法国政府提出语言教育的本质是文化教育，并开始慢慢接纳多元文化。

综上，我们总结一下促使语言政策产生的力量和原因：其一，政治机构或政党的权力及意识形态，比如党派的政治倾向；其二，国际环境，比如美国对欧洲的影响，欧洲议会对于法国的影响，身处地球村无法不受到国际运动或思潮的影响；其三，利益压力集团的影响，这个在法国是一种很值得注意的政策力量，比如各种民间组织、言论机构等；其四，公务人员和国家机构工作人员对语言政策没有太大的推动作用；其五，在法国，国家法律中关于国家和公民的定义，以及由此产生的对语言权力的认识也是语言政策产生的重要源头。

第二节　法国语言政策网络研究

近年来，政策网络分析已经成为公共政策学科、政治学中政策制定过程研究的主流范式（Dowding，1995：136）。政策网络是指一群互相依赖的行动者之间建立的某种稳定的社会关系形态，其目标是促成政策或方案的形成与解决。政策网络具有四个特征：一是相互依赖；二是网络的组成部分之间有持续的资源交换，即进行常规的交往；三是博弈式的互动，在构成“博弈规则”的约束范围内，网络的各个组成部分使用竞争性的策略以达到目的；四是自治性，网络是自治的，无论内部或外部，均没有绝对的权威，但某些团体可能比其他的更强大（蔡宏彦，2011）。Dowding 认为这种政策网络分析路径是一种有用的、描述性的隐喻，代表了参与者之间的一种互动，比如在政策制定过程中，政治家、公务员都参与其中，其他的官员也都紧紧围绕在主要的领域内，利益团体和压力团体都会影响政策的近期和远期效果。

法国语言政策的形成与实施，与其政策网络的内部结构及功能有密切的关系。埃杰（Ager，1996）认为语言政策网络有三个维度的参与者，分别是“政府及公共行政机构”、“政府顾问团体”和“利益压力集团”，正是由于它们之间的相互作用才形成了语言政策的全貌。

一　法国政府及公共行政机构

（一）法国政府及行政机构特点

法国目前的政府结构和国家行政框架是拿破仑时期（1805～1815）形成并遗留下来的。其间经历了19世纪法国资本主义萌芽时期、20世纪发展戴高乐主义[①]时期、1958年和1968年的经济危机时期，然后是漫长的密特朗（反戴高乐主义者）执政时期，密特朗政府的特点是强有力的传统结构和稳固的大一统体系。到了20世纪80年代，欧洲最主要的变化是超国家组织欧盟的成立，同时美式政府架构和美式政治在欧洲得到了广泛推崇。

法国有三大高级行政机关：国家委员会（Conseil d'Etat）、法国审计法院（Cours des Comptes，负责控制和检查账户，包括公有、私有商业的账户）、财务监察（负责公共资金的投资和使用）。它们的功能都是独立并高于政府的。这些机构的人员都是高级公务员，大多数毕业于法国最有威望的国立行政学校，这种国体和政体赋予的权威使这些部门的公务员有很高的权力，个人威望也非常高，一些人担任过政府要员甚至总统和政党领袖，比如雅克·希拉克也是其中一员。

其他行政机构的公务员精英，虽然不及这三大机构的公职人员地位显

① 戴高乐主义，是20世纪50年代末至60年代末，法国总统戴高乐制定的法国独立自主外交政策的基本构想和指导原则。戴高乐主义就其本质而言可称为法兰西民族主义，它包括三方面思想：民族主义思想、集权主义思想和独立自主思想。戴高乐主义以谋求法国在国际政治中的独立自主和世界大国地位为政治目标。

赫，但他们也有相似的待遇，尤其是省长（prefet，法国 96 个行政省的代表）级的官员或外交人员、工程师、大学教师。他们都拥有国家公职人员待遇，被赋予了高级知识阶层的优越感。正是在这样的行政框架中，法国的国家意志会较多干预社会经济生活。比如在教育系统中，所有的老师都是公务员，属于被国家雇用的人员，邮局也是，一些大型企业更是国家所有。

国家高级行政机构的巨大威望，使公务人员从政府部门卸任后，可以继续到私营机构任职，或者再重新回到政府部门。之所以会形成这种状况，是因为政府与国内的私有经济共享同一个信息交流网络，而且关系友好，企业家并不是企业真正意义上的雇员，而是随时可以回到高级行政部门工作的公务员。知识分子在法国有相对自由的环境表达自己的政见，这与很多国家的情况是不一样的。那些供职于国家高级行政机构的资深公务人员，在表达政见方面有很宽松自由的环境，他们还随时准备加入政府的智囊团或者一些施压集团去组织言论。

此外，法国有制订五年计划这类宏观政策的传统。这样的好处是，可以使政策制定者远离当下态度的波动，面向远景规划。每过几年，工作团体和各种委员会都会开始准备下一个新的五年计划，公务员也在各个领域加入这个准备工作中，尽管他们不能直接改变政策的制定，但至少可以保证他们的观点和建议能公开和广泛地被论证，这些都是制定政策所必需的。

法国执政党频繁更替，新的政府不断重组内阁，教育、文化、年轻人和法语世界国家等这几个领域，在不同内阁中经常重新划分管理归属，这也决定了语言政策的制定不能只顾眼前。1993 年，法国重新成立教育部，管辖国家教育事务，法语世界国家及其语言政策都归入了文化部；到 1995 年，又发生了分裂，语言继续留在文化部，法语世界国家及其语言则归入了外交部。每一任新总统上任，首要的工作就是替换掉大批的资深公务员，因为他们往往太熟悉前一届政府的政策。最后，法语政策的制定者们只能更倾向于关注法语的未来，无法对法语政策的执行效果和发展状况进行深入研究（Rouban，1990：527，转引自 Ager，1996），导致不少法语政策沦落为小打小闹的偶然行为，甚至儿戏。

（二）法国政府直接参与语言管理

法国政府直接参与支持与管理法语。比如政府积极帮助法语谋求在联合国、欧盟委员会等国际组织中的通用语地位以及国家的“文化外交”政策。

对于政府直接参与支持与管理法语，法语国家组织高级委员会给出的理由是世界范围内正有一场反对法语的阴谋，主导者是美国（Etat，1991：243－270）。事件可以从1880年美国路易斯安那州的《路易斯安那教育法案》说起，该法案试图从学校和社会中剔除法语，此后1946年联合国投票决定法语作为官方语言和工作语言的去留，然后英国语言委员开始在世界范围内教授、传播英语，美国推行了新殖民主义的海外政策，成为世界“警察”，发展自己的政治、经济和军事力量。这些都被法国认为是法语受到图谋的证据。

为了应对这场反法语的“图谋”，法国政府在不同的国际组织中倾注了不同的努力来维护法语的地位。在欧盟议会中，法语保持了最大的影响力，在一些重要的事务性组织中，法语也保持了绝对的影响力，比如国际海事组织。但法语的危机还是渐渐蔓延开来：从非正式会议较少使用法语慢慢推及专业技术和科学会议也较少使用法语；一般只有年长的外交官使用法语，年轻的工作人员越来越少地使用法语。有调查显示，在国际组织中使用法语的工作人员50%超过50岁，近40%在35～50岁，只有不到20%的低于35岁。这个比例正好与使用英语的工作人员数量与年龄结构的比例是完全对等的。正是国际组织中工作人员从法语到英语的转用，导致了法语在国际组织中的影响力逐渐式微。

法国政府直接参与管理语言的政策是比较缓和的，内政部并没有要求外事公务员在海外必须使用法语，只是建议在国际组织中工作的国家公务人员要协助和支持法语国家。在联合国的各机构中，在欧洲组织中，法国政府很小心地避免很公开地去谈论坚持使用法语的意向，因此法语外交的网络能力就是呼吁确保法语在国际组织中经常被人想起。

法国政府还于1988年建立了一个以管理国际组织中的法语为主要任务的理事会，一般由前任大使担任主席。1995年，该理事会管理者来自法国、加拿大、马里和罗马尼亚，他们的工作任务是提醒国际组织各机构的秘书及其外交政策必须要对一些法语团队予以支持，比如双语术语组织（CILF）。该理事会还定期向法语国家组织汇报它的行动，其成员被派往纽约、日内瓦的联合国各机构，奥斯陆的冬奥会总部，罗马的食品和农业组织总部，华盛顿的国际基金和世界银行等，去解决国际组织中的法语问题。

1995年上半年，法国在做欧盟轮值主席国时，也动用政府权力使用了很多语言策略：在欧盟所有机构内把工作语言数量减少到五种，以确保法语的使用，法国这种公然挑战欧盟官方语言平等性的行为，也曾经遭到了瑞典、荷兰等国家的公开抗议。

二　政府的语言顾问机构

法国政府中有一定数量的顾问委员会，它们的作用是提供关于语言事务的建议，因此也属于语言政策网络中的一个重要环节。在法国，有三大语言顾问机构：法兰西学院、法语最高委员会和法语国家组织高级委员会。

这些顾问机构形成了一个语言政策网络，既可以制定政策，也可以实施政策。

顾问机构由政府组建，为政府提供建议，提出的建议有可能被政府采纳，也有可能被拒绝。在法国，顾问机构和咨询机构比较喜欢与政治人物唱反调，偶尔也会起一些积极的作用。以法语高级委员会为例，它在1972年的时候向政府建议并积极促成了1975年法案的出台（Faure，1986）。

法国1990年的正字法改革是体现法国顾问机构重大作用的最好例子之一。

法语及法国境内语言总司、法语最高委员会和法兰西学院三大顾问机构共同策划了1990年的正字法改革。1989年10月，当时的总理找到法语最高委员会，表示想修改、调整和规范法语的拼写法，因为民间已经存在很多不规范的写法，希望有专家团体来设计并实施正字法改革任务。专家团队的主席由莫里斯·德吕翁（Maurice Druon，时任法兰西学院院士，法语最高委员会前成员）担纲，时任法语司负责人的赛伯乐（Bernard Cerquiglini）配合支持，并且还包括了法国知名的语言学家，比如 Nina Catach，他在法语拼写方面最具权威，他主要负责正字法改革的前期准备工作。

法兰西学院词典编撰委员会已经认证了这次改革的意义和目标，1990 年 5 月 3 日全体委员大会上全票通过了该计划，加拿大和比利时的法语委员会也获知了这个消息，并表示一致认可，其中不少成员也加入了这项工作。1990 年 6 月出版了正字法改革草案，经法语最高委员会批准通过后，最终方案于 1990 年 12 月 6 日正式出台。

其实，从历史上来讲，法兰西学院一直不赞成法语简化拼写形式，充当着法语保护者角色。而法国教育部的立场是一贯认为拼写法不宜太繁复，这样对语言的普及不利。法国教育部曾经在 1901 年出版并建立了一套“容错”机制，即针对一些法语的拼写、语法和使用，在官方考试中容许犯错。理由是“在考试中，如果错误不是源于你缺乏作为候选人所需要的真正智慧和知识，那种错误就不是重点，只能说明忽略了一些细节和精细的语法”（Catach，1992：78）。但是，在法国，这种对语言规范宽松的言论并没有多大的市场。Haby 1976 年的教育改革再次重申 1901 年的观点，并且加入了更多新的简化方案，但仍很少被人们关注和应用（Pivot，1989）。教育部为了减轻繁重的教学任务，一直试图对拼写法进行简化：1952 年，教育部提出了第一份贝斯莱斯（Beslais）报告，结果遭到了高知阶层的猛烈嘲讽；1965 年，第二份贝斯莱斯报告详尽地收集、整理和分析了公众意见，耗时五年，但法兰西学院几乎没有认真讨论过这份报告。

事实上，这次正字法改革就是一个很小规模的拼写法简化方案，涉及的词大约有 2000 个，根据计算机数据库“法语宝”的统计，改革后文档中每个标准页面只有 1 ~ 2 个词会发生变化，如果不包括重音符号使用的改变，每 15 个标准页面才会有一个词有影响。草案包括七条普遍应用规则，13 条特殊词汇和词类的规定，10 条面向词典编撰人员和负责构造新词机构的拼写建议，包括连字符号的使用、数字的表达、重音的变化、以“-eler”和“-eter”结尾的动词的变化、过去分词的拼写、借词和异形词。其中有一些规则，比如连字符、重音符号的使用等在1901年的容错机制中就被提及过。

然而，这次改革遭到了舆论的强烈反对。法国报纸《法兰西晚报》（France Soir）1990年12月19日的头条新闻标题为《拼写法：每个人都反对改革》。该报纸的统计显示，3205名参与调查的读者中，有3145名读者对正字法改革持否定态度。大量民众的意见被报道出来，甚至包括四位法兰西学院的成员，他们其中的三位表示没有出席改革方案通过的那次会议，唯一参加了草案通过会议的那位法兰西学院院士则批评说：“参会者不到20人，如果我当时投了赞成票，那一定是我有点心不在焉，我现在后悔了，我希望能投反对票，我收到了很多的抗议，有80%的校对人员反对……这个冒险的拼写改革已经把我击倒了。我将继续按照原来的拼写习惯书写，我在写‘événement’这个单词时，要挣扎着写上两个重音符号，我现在觉得非常绝望，因为那些我曾经努力要求自己不要犯的书写错误，现在都要努力恢复了。”

同一期报纸也刊登了弗朗西斯·贝鲁（Francis Bayrou，1993～1995年担任法国教育部部长）的反对意见，他后来成立了“保护法语协会”来对抗正字法改革。

《费加罗报》（Le Figaro）（1991年1月5日）出版了四个版的观点和批评意见，绝大多数是否定和谴责的声音，甚至试图促使政府部门形成新的决议，从法律层面施压取消这次改革。他们认为这次以简化拼写为宗旨的改革方案不够严谨：老师的职责是教授严谨，如果你无论写“nénufar”还是写“nénuphar”都没有关系的话，我们将对此更加困惑；如果改变拼写，我们会发现规则是没有逻辑的，也会发现有一些词丧失了天然的美感。更严重的是，正字法改革与右翼政党扯上了关系。

《费加罗报》也刊登了总理强调支持改革的内容：正字法改革方案确实是法兰西学院一致通过的决议。同时他表示，反对者虽然很多，但是还有很多沉默的公众，现在主要是出版者、教师、知识分子和校对人员的代表反对，但劳工阶层的代表非常少，他们是沉默的大多数。

1991 年 1 月 17 日，法兰西学院在舆论压力下同意修改一个替代方案，在非特殊时期使用。政府对公众的反对情绪以及法兰西学院的应对措施也做出了回应，虽然没有出台任何正式法律文件强制正字法改革方案的实施，但在行政机构中印发了该改革方案，并告知行政机构建议施行。此后法语及法国境内语言总司也继续维持这个立法结果，没有进一步在法语本体规划问题上采取行动（Brèves，1991）。

为什么政府积极努力的语言干预政策会如此不成功呢？法国历史上曾经也有过容错方案和 Haby 改革，不应该引起如此大的反对意见。

我们再来谈谈促成这次改革的利益压力集团。1988 年 11 月 26 日出版了对一所小学教师观点的调查报告，在参与调查的 1150 名教师中，有 1035 名教师希望改革拼写法（Baddeley，1993），这个学校的教师观点是与利益压力集团信息化与正字法及书写研究委员会（AIROE）密切合作完成的。这次调查由 Jacques Leconte 设计，他是一位退休的小学校长，也是 AIROE 的成员。Leconte 认为现有的法语拼写法太繁复，给孩子们的学业增加了负担，会危害孩子们的未来，也会影响法语在世界的使用与传播（Pivot，1989：51）。Leconte 呼吁大家要求改革拼写法，然而，早先他的呼吁并没有引起反响。

法语最高委员会的副主席（Bernard Quemada）也呼吁改革，法语及法国境内语言总司负责人（Bernard Cerquiglini）在 1989 年 2 月 7 日的《世界报》（Le Monde）上发表文章论述了拼写法需要现代化的四点意见：建议“â”重音符号（尖帽子）、双辅音、过去分词及一些难以记忆或与读音不相符的异形词（比如 oignon、événement）改革。这四点都在 AIROE 组织的建议中被提及。也就是说，积极推动改革的顾问机构分别是信息化与正字法及书写研究委员会、法语最高委员会和法语及法国境内语言总司。

1989 年 3 月，《读书》（Lire）杂志通过网络收集了 900 例 IPSOS[①] 的观

① IPSOS，益普索，一家位于巴黎的市场研究公司，成立于 1975 年，与其他市场研究公司不同，它是少数专注于“市场行销研究”和“个案研究”的公司。

点，代表了法国民众中15岁以上人群的意见。其中70%的人觉得法语的拼写法很难，但是仅有44%的人倾向于改革现有的拼写法，超过50%的人是持反对态度的。52%的人反对取消重音符号（尖帽子），56%的人反对把双辅音改写成一个辅音，59%的人反对取消连字符，63%的人反对用“f”代替“ph”，65%的人反对替代拼写，63%的人反对用“-s”替代复数词末尾的“-x”，65%的人认为只想简化拼写而不改变法语的做法是不可能实现的。但也有42%的人认为改革很紧迫，有76%的人认为那些很奇葩的异形拼写确实可以改一改。

基于这项调查，1989年夏天，Jacques Leconte 和 Philippe Cibois 出版了一个小册子《正字法万岁》（Que Vive l'Ortografe），支持简化拼写，他们断言95%的拼写是令人满意的，还有5%的需要改变，因为它们会导致老师和学生浪费大量的时间去讨论一些不一致的规则为什么会发生。这两位作者建议，教育部或者法兰西学院应该站出来担纲这次改革，他们诟病“法兰西学院已经从1835年开始就无所作为了”。

出版社和小册子的影响力很大，为后来政府积极责成法兰西学院完成改革方案打下了基础。

当改革方案正式出台后，攻击正字法改革的声音主要来自右翼报刊《费加罗报》和政治人物弗朗索瓦·贝鲁①，贝鲁代表了初等教育教师群体的意见。这时语言政策问题往往被利益压力集团解读成其他的政治问题，语言政策本身会成为利益压力集团之间攻击的靶子，这与语言承载了文化及意识形态功能的特性有关。

比如在论战中，关于拼写改革对与错的讨论很少，大家更多讨论的是改革者的假定动机和他们的实施方式：

> 可能他们有一些肮脏的伎俩，想把我们的语言砍成碎片，也许他

---

① 弗朗索瓦·贝鲁（法语：François Bayrou）1951年5月25日出生于法国西南部阿基坦大区比利牛斯-大西洋省博尔代尔（Bordères）。法国政治人物。现任法国中右翼阵营中的重要中间派政党民主运动党主席，2017年5月，任法国司法部部长。2017年6月，受到欧洲议会“空饷门”影响，辞去司法部部长一职。

> 们想对我们的语言做一些手脚，他们什么也没透露，只想用手术刀给我们的语言留下疤痕，他们只想把自己隐藏在简单的表达后面（Blua et al.，1990：9，引自 Ager，1996：124）。

政治因素也显现出来，1989 年 8 月 7 日，一个工人组织 France – soir 对小学教师行为的动机予以了猛烈的抨击：

> 我不记得在哪里看到，老师们想简化拼写规则是因为他们感到需要浪费大量的时间来纠正拼写错误。

更有甚者说老师自己也对自己的拼写能力没有自信了，所以干脆建议简化。

《费加罗报》1989 年 9 月 26 日以《正字法万岁》小册子为攻击对象，展开了新的讨论，该报认为：

> 作者的简化建议使正确的拼写成了一种"法西斯主义"，成了一种社会隔离的工具。正确的拼写被富人尊重，却被穷人屠杀，怎么能如此荒谬地看不起大众，还假装是他们的保护者，然而我们忽视了一个事实，那就是知识的懒惰和一种漠不关心的态度正在我们的社会各阶层开始猖獗地蔓延。

反对拼写改革的焦点主要在教育、识字、知识和只有通过努力和勤奋才能进步的问题上：

> 你不能通过取消字母来扫盲，你不能通过取消所有必需的努力来鼓励年轻人进步，你不能通过简化知识的内容来使知识更直白易懂（Blua et al.，1990：10，引自 Ager，1996：124）。

语言的力量和质量在于它的难度，并且要通过掌握它来判断一个人是否有智慧，这样的话语很多，却是谎言。不少政治家和社会思想者都认为，掌握一种难的语言就给你增加了一个智慧的砝码或者一种社会的个人财富，因此那些很困难的部分，比如复杂的拼写法应该被保留，继续充当一种阶层准入的屏障。Blua 以及他的同事们的观点正是布迪厄提出的语言资本问题，掌握一种语言就等同于获得了一种社会、经济、文化资本，并且获得了进入更高社会、经济阶层的资格。既得利益者会竭力维护这种资本的获取难度，以保证它的价值，这也可以解释为什么法国社会有很大一部分人要竭力保护法语的纯洁性。

通过对这个特殊的语言政策案例的分析，我们可以得到以下启示。首先，特殊的个人行为会刺激语言政策的产生，比如这个案例中的 Leconte 与利益压力集团 AIROE 通过收集部分专业人员的意见和民间调查来为政策的制定做依据。其次，舆论对改变公众的语言态度起到了引导作用，最终会给政策施加压力。再次，顾问机构内部的全面协商很重要，而此次改革失败主要是法语及法国境内语言总司和法兰西学院等顾问机构没有充分考虑到改革前所必须做的协调工作，没有事前与出版机构、校对人员、教师等可能反对的群体进行正式磋商，只和这些机构的领导及管理委员会简单接触往往达不到效果。最后，这次简单的正字法改革被右翼传统保守派赋予了政治寓意，把拼写简化解读成一种对传统社会与法国身份的攻击，由此我们应该警惕，在语言政策制定过程中，应该充分考量一个语言政策会不会成为政治的攻击点。时至今日，正字法改革草案出台已近 30 年，当 2016 年法国教育部决定在中小学教科书中引入这份拼写简化方案时，仍然遭到了舆论的强烈反对，因为该事件的政治象征意义已经远远超过了语言拼写规范本身。

三　利益压力集团

在法国，语言政策网络中除了国家机构和政府顾问团体，还有利益压力集团的参与，它们往往是非政府组织，主要有三种类型：第一类是与政策的发展和执行密切相关的组织；第二类是政策的监督、认证机构；第三类是为国家政策提供信息和建议的民间智库。

法国的语言压力集团以协会的形式获得国家承认，它们往往非常独立，当需要说服国家时，它们会不惜一切争斗，或者直接到大街上抗议游行，避免协商或者讨论，它们认为这是一种很好的政治途径。国家的语言政策如果有大的改变，也必须要考虑到与利益压力集团协商与博弈。比如近年来，主张多语主义的政策制定者就必须与主张传统法语政策的利益压力集团抗争。再如国家教育政策就经常受制于各种利益压力集团，国家教育联盟（FEN）、国家学联、家长联合会、家长教师联合会、天主教教育支持者联合会等协会组织都是国家教育改革最坚固的屏障。

最著名的语言压力集团是语言纯洁主义者和传统主义者，其宗旨是"反对语言堕落""语言保卫战"（Thomas，1991），其另外一个主要目标是支持法语作为国际通用语的使用（Bengtsson，1968）。

据法国官方统计，目前法国及法语世界国家中大约有45个语言压力集团，其主要目的是保卫、支持法语和促进法语的全球传播（Bruchet，1992）。Offord曾经对这些保护法语的非政府组织做过调查，发现在Bruchet（1992，1993：169）的名单中有239个类似的组织，他把这些组织分为了五大类：第一类，致力于保持法语的完整性并且促进法语在世界范围内的使用；第二类，提供术语服务和教授法语；第三类，关注法语世界国家的文化传播以及用法语来连接法国和法语世界其他国家；第四类，以区域和以专业为基础的法语组织；第五类，政治导向组织。

Offord指出，还有很多组织的目的性并不明确，但在这些组织中，真正关注语言本身的专业科研机构非常少。许多组织彼此有着很密切的联系，可能都是由一个财团资助的，或者是由一个政府机构领导的。

法语未来组织（ALF）主要在公开出版物上发表一些语言观点。在《世界报》（1992年1月2日和1992年11月7日）公开呼吁支持法语，反对在法国使用美式英语。7月组织了300位名人签名活动，到了12月组织了800位名人签名活动，在签名者中，有艺术界、文学界人士，还有一些资深国家公务人员、政治人物和来自大学的教育界人士。

ALF中最活跃的人物是Albert Salon博士，该组织的主席是著名小说家Dominique Noguez，其他成员包括Michel Guillou（法语国家组织前外交活动家）、Gaston Miron（加拿大小说家）、Philippe de St Robert（法语最高委员会前委员）、Regis Debray（高卢人外国事务专家）、Jean - Pierre Peroncel - Hugoz（《世界报》记者）、Jack Ralite（前议会成员、前部长）等，还包括其他很多政界、艺术界、教育界和新闻媒体界的名人。ALF 是一个很好的例子，语言的政策社群在这个组织里形成了一个论坛，它们汇聚在一起，可以讨论、发展出一个共同的观点。这个政策社群就是以巴黎知识分子为主体的文艺工作者、媒体人和政治人物的集合。

ALF 建立的目的是出版宪法中关于法语的所有条款，并对其做出分析解释。最初，它是一个比较松散的以个人利益为主的一般性组织。它的宣传口号比较有战斗性，并且定义了它的“敌人”，即那些英语的狂热追捧者，它觉得这些什么都使用英语的人企图摧毁法国，反对法语的行为就是支持英语的使用。

> 这样的英语狂热者越来越多，他们使法语渐渐失去了自信，也削弱了法语在世界其他国家的信用度。有一些跨国公司的员工在工作中不得不使用英语，即使是在法国的领土上。研究者们不愿意用法文出版科技论文，在一些学校，更多的人选择学习英语而不是其他外语，一些电影产品，尽管投资方是法国人，也开始用英文作为主要的语言（ALF manifesto，11. 7. 1992，引自 Guillou，1993）。

还有很多鼓励性的语言，希望法语国家去追求语言的权力。

> 我们不能接受这种自毁，因为我们是为了欧洲，为了普遍性，为了人类决定自己未来的权力，也为了在世界传播文化……如果我们现在不反抗，我们将发现自己会处在魁北克 30 年前的样子，在经济上依靠别人，在社会中被排挤，在文化上自卑，语言被处处压迫，我们将不得不进行漫长而艰苦的战斗，去重新获取用我们自己的母语生存、工作的权力，去传播我们的文化，去成为我们自己。

这些组织的活动主要是向公众宣传，形式包括组织辩论、征文（如果是正面支持的观点，他们就会送到出版社或者报刊发表）、张贴海报、发传单、印发游行或抗议行动的指南、提供与英语追捧者辩论交涉的建议等。这些宣传的目标受众包括媒体、教育机构、商业机构、广告机构和一些科研机构。这是一种提升公众问题意识的策略，也是一种在全社会行业、所有社会阶层以及所有年龄阶段的人群中扩大支持面的策略。它们也向世界其他的法语国家扩大它们的影响，会与加拿大、比利时的一些组织建立密切的协作关系，也会与其他的外语协会建立合作关系，首先在欧洲，它们提出要促进发展其他的少数民族语言或区域语言，反对一种语言独大的霸权，以及这种语言所带来的一切（ce qu'elle véhicule）。

ALF 为后来《法语使用法》的出台做出了贡献。1993 年，为确保《法语使用法》议案能在议会通过，政府资助建立了一个"法语使用者协会"，充当 1975 年法案的受害者群体，目的是提供一些证据来反对 1975 年法案，并引起消费者保护协会的注意。1985 年以后，这个组织就被撤销了，但是它成功地起诉了一些不合法的案件（Ball，1988）。

ALF 中的团体有各种功能目的，比如有专门负责议会讨论环节的团体，它负责发展能够参与议会讨论的成员，并与议会工作人员建立私人关系，在议会讨论时把自己的人顺利安插进议会。ALF 与关贸总协定（GATT）也有密切关系：1993 年，在最后一轮关贸总协定的欧美谈判中，"文化例外"就是被 ALF 作为欧洲文化可以抵抗美国文化的一个标志性原则提出。

ALF 的目的就是游说总统、政府和议会成员努力促成或达到以下五个目标。

（1）使在法国教授的外语多样化。

（2）增加法语节目，并在法国国内和国际视听媒体中创建更多的法语节目。

（3）确保法语在各个层次的欧洲公共机构中有效使用。

（4）在宪法中，不但强调法语作为官方语言和区域共同语的地位，还规定了其在教育和工作领域的地位，并且把这一原则延伸到法语国家组织中。

（5）修改1975年法案，使它尽量覆盖法语使用的所有领域。

1994年ALF的四个成员被邀请作为起草《法语使用法》的咨询顾问。这样安排是因为ALF代表了一个政策团体，这个团体中几乎都是拥护《法语使用法》的资深公务人员：Philippe Rossillon曾经是法语最高委员会的秘书长，Albert Salon曾经供职于国家合作部，Thierry Priestly曾供职于国家计划委员会、Micheline Faure是法语使用协会前秘书长，Philippe de St Robert创办了“保护法语协会”，也曾经是法语理事会的前任理事。法兰西科学院的国家研究机构（CNRS）和国家科技人员法语使用协会（Association Nationale des Scientifiques pour l'Useage de la Langue Française）也被任命为《法语使用法》的咨询顾问，作为科技团体的代表。法国雇主协会（Conseil National du Patronat Français）、法国商业工业联合大会、法国银联作为工商业和金融业代表进入了顾问组。由国家律师协会、巴黎律师公会作为法律界的代表，此外广告界、视听媒体界、翻译界也都有代表协会进入顾问团，真正的语言专家却很少被包括在其中。

上面提到的各种协会和个人可以说在这一领域已经构成了一个稳固的政策集团，他们以利益压力团体的面貌出现，在政策网络中充当了重要的角色，他们在促成语言政策产生的同时获得了共同的政策利益。

第三节　语言政策过程中的博弈

这一节着重讨论语言政策过程中的协商机制：协商机构如何建立，政府在政策协商过程中的目标，以及政策制定过程中如何应对反对的观点。

埃杰认为，经过比较研究，发现法语政策的协商过程与Hall（1993）和Richardson（1993）提出的两个模型并不吻合。咨询商议—命令许可—修订三阶段模型也不是法语政策的路径特点。他认为，法语政策的最大特点是强有力的政府会在专业协会、利益压力集团之间协调，最终达到尽可能最大限度地延续一个政策，但是会做很多细小的修订。这种特点应该是与语言问题的特性非常相符的。

一 法国语言政策目标分析

回顾法国各个历史时期的语言政策目标，我们发现：1539 年，弗朗索瓦一世的语言政策目标是提高政府的行政效率；1635 年，法兰西学院建立时，语言政策的目标是创造并维持一个优秀的语言工具；1794 年大革命期间的语言政策目标是促进契约国家的建立和公民意识的培养。法兰西第五共和国建立以后，1981 年，密特朗总统的语言政策目标体系建立。根据 Farandjis（1984）对一系列项目的分析，推测当时语言政策的发展目标按重要程度依次为：

- 彰显法语的活力和生命力
- 丰富法语
- 提升法语教学能力
- 和谐处理法语与其他新兴科技语言的关系
- 创造法语新的社会活力
- 加强法语立法，保护消费者、使用者和各行各业从业者的语言权利
- 确保法语的行政能力、执法能力，并跟上时代潮流
- 把法语发展成为商业的语言、团结的语言，使其成为商业与文化的纽带
- 整合法语政策长远发展，制定国家跨文化交际政策
- 加强法语的海外传播，进一步提升法国的形象与声望
- 建立一个以新的国际文化秩序为框架的法语世界国家组织

从以上的总结，我们可以清楚地看到，目标很高远，而且主要是针对法语和法语世界。由于种种原因，这些目标并没有都实现，尤其是新的强有力的语言立法很难实现（St Robert，1986：10）。

St Robert 指出，法国当时的语言政策特点表现为：在法国或者其他任何国家，尊重世界上所有的语言；在法国国内保护法语的使用。同

时，采用了一些特殊的行动，比如：统计世界上所有使用法语的人的数量，标志一个共同的身份；调查法语在世界五大洲的传播；识别法语在不同种族、区域和经济形式中的语言变体；鼓励法语成为国际的科技交流用语；在说法语的国家鼓励文化产品的流通交换，如图书、电影、纪录片等。

在20世纪80年代初期，我们可以看到传统的保护法语、语言纯洁化的政策开始有一些变化，特别是在语言的广泛传播和追求大众化方面，正如St Robert所说，这些政策的改变正是为了不使语言只为少数知识分子阶层和部分利益压力集团服务。把语言当作文化遗产来保护是危险的，政策目标也显示这种民族沙文主义也不是一种能够给语言必要保护的正确道路。对其他语言的价值的认识开始慢慢苏醒，但是有两个目标被重点提出：其一，有必要建立一个法语使用价值统计分析体系（后来主要由法语国家组织来建立该统计分析体系）；其二，有必要通过语言产业——口译、笔译、出版、信息技术等进一步加强语言本体政策。

1993年3月以后，巴拉迪政府的语言政策目标出现了以下三个方面的变化。

首先，“我们的语言是重要的身份和宝贵遗产，为了尊重它，鼓励在国家领土上和所有法语世界国家的范围内使用并发展它”。

其次，“积极推进多语主义”是文化和法语世界国家部制定的重要语言政策，也是法语及法国境内语言总司积极实施的语言政策（Ministry of Culture and Francophonie，brochure，1994）。

最后，1994年，法语及法国境内语言总司关于法语的发展目标显示：法国的语言政策不只针对法语，也是针对欧洲多语主义的一项政策。在语言本体层面，法语及法国境内语言总司牵头并与多个术语项目合作；在语言地位层面，法语在法国的地位更加稳固，因为法国政府意识到法国的区域性语言提供的是一种资源而不是一种威胁；在国际层面，法语世界国家不仅是一个地理性的概念，还包括共同的语言、文化和人权价值观；在欧洲层面，法国的地位就是多语主义下的欧洲身份，法国正致力于确保没有语言会濒危或者只在私人领域使用（Cerquiglini，1994：17－19）。

1994 年时任文化和法语世界国家部部长的 Jacques Toubon 在提请议会审议《法语使用法》草案的开篇词中说到他的政策目标。

> 我们再一次对法语世界国家和法语强调语言政策。我们要加强海外文化传播，提升教育和技术手段，我们正在积极发展语言产业，更新交流技术，努力使我们的语言在计算机网络、视听媒体领域、数据库中广泛应用。
>
> 我们努力地使欧洲的语言政策成为多语政策，每个人都应该学习自己的母语，虽然英语是最大的国际交流语种，但我们仍需要更多的欧盟语言（Journal Officiel，Débats18S，26AN，1994）。

这些目标显示了新政府语言政策目标的转变：在跟前任一样发展语言产业和语言经济并保持法语在海外的作用的基础上，逐渐意识到有必要让法语成为宣传世界多语政策的一部分。

1995 年希拉克政府声明了自己的语言政策目标：

- 确保法语作为共和国的语言的地位和传播
- 保证法语在国际交流中的大语种地位，法语是法国的王牌，也是所有法语世界国家的王牌
- 尊重语言和文化多样性，推进多语主义

也有评论认为，法语政策在 1966～1995 年没有任何改变，无论是在分析问题上还是在应对方式上：政策始终致力于保护法语和在海外推广使用法语（Van Deth，1995）。唯一的改变是公开宣称多语主义——这是在 1993 年制定关贸总协定期间阐明“文化例外”的观点时审慎考量之后提出的权宜之策。多语主义的真正目的是确保除了英语之外的其他语言也可以被使用。关于法国语言政策的多语主义转向，我们将在最后一章详细论述。

二 政策网络参与者之间的协商与博弈

我们已经从上面一部分的内容看到，语言政策的目标与其他类型的政策相比，相对比较稳定，不会总是改变，内容和标准也相对固定，这是由语言的基本特征决定的。但是语言政策的网络和网络参与者可能会经常发生变化，这是因为协调不同的语言关系时，受影响的网络参与者是不同的。

政策是一系列行政行为，是国家政府与其他政治集团或者问题网络之间的一种协商谈判过程，也是一种博弈。博弈过程包括：揭示语言事件的背景，预测语言政策的结果，分析语言政策可能引发的一系列问题，斟酌用什么样的指标衡量语言政策的成败等。“协商谈判过程由谁来主导，应用什么理论可以减少决策的复杂性、不确定性以及冲突，这一切都是为了做出选择，得出某种决定，哪怕有时候决定是什么也不能做。”（Brewer and deLeon，1983：103－105）

在这里，法国的外语政策很值得我们关注，因为它和欧盟的外语政策一起，都是政策网络的参与者基于各种外语的地位进行博弈的结果。法国的外语政策和欧盟的外语政策都规定：义务教育体系中的在校学生必须学习两门外语。

事情的起因是近年来法国的外语教学展现了唯英语化的特征。表4－2是法国1991～1992年度和1992～1993年度，在校学生外语学习的统计情况。

表4－2 1991～1993年法国在校学生选择外语语种情况统计

单位：人

语种	1991～1992	1992～1993
英语 English	5150702	5291380
西班牙语 Spanish	1444906	1472428
法语 German	1387411	1380896
意大利语 Italian	177337	165108
俄语 Russian	29388	24013

续表

语种	1991～1992	1992～1993
葡萄牙语 Portuguese	14388	12546
阿拉伯语 Arabic	13266	7929
现代希伯来语 Modern Hebrew	4545	4986
汉语 Chinese	2732	2150
日语 Japanese	1403	1624
荷兰语 Dutch	570	459
波兰语 Polish	297	334
其他 all others	4121	5031
相关语种 language by correspondence	5232	2337
区域语言 regional languages	22129	22208
学生总数 total children	5519964	5629908

注：该表统计的人数包括法国海外省，不包括海外属地。数据代表的是在所有可选择的语种中，学生最倾向于学习的外语语种前三名和选修课语种。公立和私立的中学也包括在其中，专业的和预科的课程不包括在内。

资料来源：1994 年 5 月 4 日，文化部部长杜邦提交的《区域语言数据（1992～1993）》（Journal Officiel，Débats 27AN，1994）。

从表 4-2 的数据我们可以看到，1991～1992 年度，把英语作为外语学习的前三位来选择的人数占 93%，而这一数据在 1980～1981 年度时，仅为 82%，十年之间上升了 10 多个百分点，其中把英语作为第一外语的人数从 1991～1992 年度的 86.8% 上升到 1992～1993 年度的 87.1%。西班牙语和意大利语常常被学生当作第二和第三外语来选择。英语在其他区域都是在校学生首选的外语，而在阿尔萨斯地区，首选德语的人数（105510 人）超过了首选英语的人数（103892 人）。在波尔多地区，首选西班牙语为外语的人数为 99211 人，这一数据远超首选德语的人数（33892 人），而选择该地区区域语言巴斯克语的只有 2788 人。在科西嘉岛地区，18319 人选择英语，而只有 4008 人选择当地的科西嘉语（Ager，1993）。

20 世纪 80 年代，英语学习热潮引起了利益压力集团、个人、语言协会的反感，特别是外语教师团体意见很大。在各方压力下，最后引起了法国教育部的重视。但是强制的语言多样化政策没有取得成效，除了部分区域语言和一些特定团体的语言以外，一些语言还是因为英语的挤压不可避免地从学校消失了。父母为孩子选择语言根本不会考虑语言本身的价值，只会在意这门语言对孩子未来的价值。比如，德语，被看成学术才华的标志——只有聪明的孩子才会选择德语。而移民语言被父母和孩子认为是最容易的附加科目，对于那些聪明程度遭到怀疑的孩子来说尤其如此。特定的因素也会影响语言的选择，比如日语，学生只选择口语，因为日语的书写系统被认为太困难了。阿拉伯语被认为是地位比较低的语种，因为阿拉伯语在法国大多是移民的语言，而这些移民大都处于社会底层。国家希望对外语的地位进行规划，但是国家无法规划法国年轻人的交流，语言交流有自身的竞争规律，法国的年轻人希望有真正的交流体验，而这些语言在交流中的地位不一定是政府希望的样子。比如，年轻人更愿意关注口语而不是正式、文学化的书面语，而学校的外语教学都是以后者为主要教学内容（Int EN，1992）。语言始终是一种精英课程，如果在高考中，你有两至三门外语的成绩，足以让你从众多的学生中脱颖而出。

在政府、各利益压力集团以及家长的博弈之下，1990 年前后，政府出台了两项政策。其一，“孩子必须在学校学习两门外语”，这样既可以改变英语一统天下的局面，也能满足家长们的需要。其二，为了符合外语学习规律，避免孩子在同一时间内学习的外语种数过多或者过早地开始学习外语，政策规定，第一外语从初一开始学习（小学阶段学习外语只采取鼓励的态度），第二外语作为选修课在高一开始学习，第一外语在高二时要结束，以便在高中最后一年有足够的课程留给第二外语，并在最后的高考中测评这两门外语的成绩。

政府除了在国内修改外语教学政策以外，还积极在欧洲推行新的外语学习政策，目的是让法国经验在欧洲推行。1995 年，法国成为欧盟轮值主席国时，积极促成新语言教育政策的实施，那就是欧洲在校学生必须学习两门外语。这是语言学家和外语教师们非常支持的一项政策（Hagège，1987；Calvet，1993），因为如果在欧洲范围内推行学习两门外语，法语作为外语的选择概率会大大提高，这样既能促进法语的海外教学，也与法国的外语教学政策相一致。然而，在欧洲推行语言多样化的同时，法国国内的区域语言却没有因为语言多样化政策而变得环境宽松。区域语言和外语是被放在同一个体系中竞争的，可想而知，选择区域语言的人数会进一步被压缩。

Hall（1993：162）曾总结道，法国语言政策典型的协商博弈方式呈“三阶段模型”——第一阶段，得到行政机关政策制定者的命令许可；第二阶段，政策想法在政策网络中运转发酵；第三阶段，通过相关机构平衡各方矛盾形成一个修正预案。法国外语政策的协商过程，基本符合三阶段模型，只是协商过程相对缓慢一些，因为外语政策的制定必须符合外语教学的规律，需要较长时间的认证。政策网络也需要缓慢而广泛地接受政策想法，同时，父母们在政策网络中起到了非常重要的协商作用，他们一起为政策制定者提供解决方案。

埃杰认为，与英国的政策制定相比，法语的政策协商过程更多受到官方行政力量的主导。即便是协商讨论也是在相关责任部门的控制下进行的，谁来反对这个政策的提案，谁来宣读这个提案都是在可控范围内的，可是在这个过程中，参与者觉得他们自己成为国家机器的一部分，行使了自己的权力。总之，语言政策的协商博弈过程是比较和谐的，具有一定的延续性，协商谈判过程也是在可持续发展的状态中，语言政策制定的这种协商方式与其他领域的政策制定过程相比明显要缓和得多。

第四节　语言政策的实施及效果

一　《法语使用法》的实施及效果

政府的语言政策实施一般有两种途径：一是通过立法；二是通过政府机构的行政命令。下面以法国1994年的《法语使用法》为例，来分析法语政策的立法过程及其实施情况。

（一）立法缘起

1994 年 8 月 4 日，国民议会和参议院审议通过了《法语使用法》（94 - 665：Journal Officiel，Lois et Décrets 180，1994）。它是一部关于法语使用的法律，是法国境内监督法语规范使用的主要法律工具。

这部法律是 1975 年法案的升级版，巩固了原来合理的部分，撤销了部分不实用的条款。1975 年法案曾经在 1984 年（由 M. Sarre 主持）和 1993 年（由 Mme Catherine Tasca 主持）做过修改，但是最终没有获得国民议会讨论审议的资格。在起草《法语使用法》时，本来打算保留 1975 年法案中的主要内容以确保法律的延续性，但是经过修订，最后仅保留了 5 条内容。

1994 年的《法语使用法》出台时，还有一个参考的标准，那就是欧盟语言政策，该法的内容不能与欧盟语言政策的基本原则相违背。欧盟语言政策的主旨是，不能阻止任何人使用其他语言或者其他交流方式（比如画画、象征信号等），主要表现在五个方面，即：支持多语信息；保护欧盟成员国在消费时使用本国语言的自由，成员国可以在有需求时使用任何其他语言或者其他交流方式；在语言方面加强地区立法，任何地区法律都应旨在帮助消费者指定他们所需要的语言状态；改进交换信息，这在接受和传播国家制度和法律时具有潜在的作用；欧盟委员会有责任为消费者提供语言信息。《法语使用法》从执行至今，还没有发现与欧盟基本语言政策相违背的地方。

《法语使用法》是法语及法国境内语言总司主导的政府行为的成果，专门为法语使用立法，主要原因有以下几点。

其一，全球化背景下，英语在商业领域已经有比较广泛的应用，英语文化也成为时尚的代表，但产品信息英语化影响了消费者的情绪和知情权。政府认为在法国领土上使用非法语的语言是对消费者语言权利的一种侵犯，于是重申了 1975 年法案的原则，即在商业中，以下情况构成欺诈：在赠品、合同、产品及服务描述等中，如果使用的语言导致大多数人不能理解或者难以理解，被视为不诚实的行为，国家不能容忍也不会容忍。在法国，商家有义务为消费者提供可以理解的法语信息。那些选择英语等势利语言做商标的行为是一种骚扰，人们可以限制它以保护消费者或者逆时尚而行。

其二，当时的巴拉迪尔政府受到来自右派政党的巨大压力，特别是由勒庞主导的国民阵线（极右政党）。出台这样一部捍卫法国价值观，反对美国价值观的法律，代表了一种态度，可以为下一轮的选举争取更多选民的支持。事实上，很多民众十分支持按照《法语使用法》中的规定，禁止使用“Jurassic Park”这样的英文地名标牌，而改为法语名称“Le Parc Jurassic”，机场的穿梭车也由英文“le shuttle”“cross – channel car train”改为法语“la navette”。

其三，1994 年 2 月 24 号的《自由报》还提到了另一种说法，认为《法语使用法》的出台，主要的目的是报复一些外国产品，包括日本的电器、意大利的电水壶等。在《自由报》的专栏中，相关部门的负责人受邀表达了观点，他们指出《法语使用法》的制定有可能是对进口产品的商标、警示语言没有使用相应的法语表述的一种报复。《自由报》也以“Francofolie”（双关语，谐音“法语世界”，字面意思“法兰西疯了”）为题开设了专栏，留出了大量的版面给科技界让其对《法语使用法》做出评论。

（二）立法过程

语言法律是对语言的地位规划和本体规划，它的文本要求相对先进。《法语使用法》主要由法语及法国境内语言总司协调一些团体和权威人士规划和起草，参与者很多曾经参与过 1975 年法案的起草。尤其是 ALF 表现非常活跃，在《世界报》上发表过很多相关的言论。

《法语使用法》被提交给国民议会和参议院进行辩论时，本来预期会十分平静，因为这只是对 1975 年法案的一个延伸，然而，1994 年 5 月 4 日的议会辩论有 75 人参加，参议院的辩论竟意外超时了，还产生了相当多的异议，很多团体希望加入大量的修订意见。此外，还在媒体组织了国内和海外省的公开辩论。有分析认为，意外情况的出现是由于当时社会党遭遇多次失败，新政府出台了大量限制性政策，特别关涉了移民问题，因此社会党采取了全面弃权的政治策略（Van Deth，1995）。

《法语使用法》草案首先提交给参议院讨论，Jacques Legendre 准备了一份详尽的分析报告，他与参与投票的代表一一会面，并与之结成了政治团体，草案的最后版本得到了文化委员会的赞许（Legendre，1994）：法律对于保卫法语是一种必要的干预，也是传播法语政策中重要的一部分。以前的 1975 年法案，知道的人太少，依法行事的案例也寥寥无几，1992 年修宪时又再次确认了法语作为共和国共同语的地位，这恰恰反映了法语地位有所下降的现状，言外之意是《法语使用法》的出现是非常及时的。

最后的《法语使用法》草案，增加了两个新的条款，修改了一些文字细节，本来预期辩论会很快结束，但是遭到了出版界和电视界人士的反对，他们花了四天的时间，在参众两院辩论，并提出了大量的修改意见，接下来的一个月，参议院和国民议会又开始了第二轮的审议辩论，并对草案做出了修改，《法语使用法》草案于 1994 年 6 月 30 日在国民议会被审议通过，当 7 月 1 日被送到参议院时，参议院已经不能对文本再进行修改了，只能同意或者否决，此过程马上又遭到了社会党人的举报，指责这种审议过程违背了宪法规定的法律程序。直至 7 月 29 日，宪法委员会才宣布通过草案的决议，而且总统最后签署的草案并不是当日的修订版本。由此可见，《法语使用法》在立法审议过程中遭到了社会党的阻挠，审议的结果也是各方商议妥协的产物。

下面我们引用《法语使用法》中有代表性的条款来说明语言政策立法过程中遇到的问题。

《法语使用法》第一条规定：

> 根据宪法，法语是法兰西共和国的语言。法语是法兰西品格和遗产的基本要素。
>
> 法语是教育、劳动、交际和公共服务部门使用的语言。
>
> 法语是法兰西共同体各成员国之间的特殊纽带。

在此条款中，我们没有看到关于区域语言的描述。其实，在草案修订审议的过程中，区域语言在该法律中以什么样的方式提及一直是困扰国民议会与参议院的问题之一。困扰点主要包括两个方面：其一，担心在法律中提及区域语言会引发关于偏见、歧视的争端，政府和社会党人中还有不少重要官员来自民族地区，他们担心不恰当的提法会引起不良后果；其二，如果提及区域语言，势必还要提及外语的问题，涉及的利益面又会增加。因此，经过再三权衡，决定该法只表述法语的使用情况，不提及区域语言和外语的使用问题。文化部部长杜邦强调，反对派正在努力积攒政治资本，所以千万不要引发有利于对手的争端。他觉得这部法律不需要像宪法那样冗余地规定一些性质和原则。他也不喜欢“identity”（身份）这个词在该法中出现，觉得它太时髦、敏感，并且容易被媒体做文章，所以最后条款中是用“personality”（品格）一词代替的。最终，在该法的第二十条对区域语言做了说明：

> 本法各条款的实施不影响有关法国境内区域语言的立法和管理，且不妨碍区域语言的使用。

在国民议会审议时，争议主要集中在《法语使用法》草案的立法形式上，语言法到底是应该像宪法一样，只规定一些监管性质、宣言性质或者象征性质的内容，还是像一般法律一样具体，这个问题让议员们很头疼。当时国民议会文化事务委员会的主席 M. Péricard 就抱怨：“这可能是唯一一部我们修改不了的法律，因为我们要不断重申法律的庄严性和一些基本原则。”（Ager，1996）

二　行政命令的实施及效果

语言政策除了通过立法实施以外，另一个重要的实施途径就是行政命令。法国政府的行政命令包括三个等级：法令政令（décret）、决议（arrêtés）、通告通函（circulaire）。前二者是由内政部颁布的命令，具有法律的效力，后者是内政部提出的建议和指导意见，公务人员一般会按照建议执行。所有的法令政令和决议都会在官方公报（Journal Officiel）中印发给各部委行政机构，但是通告通函只有部分会在官方公报中印发，大部分会依据个人和组织的情况下发处理。

这里，我们以专业术语的审定为例，来介绍法国语言政策的行政命令体系。

术语委员会是审定专业术语和新词的重要机构。术语委员会的成员，一般都是前一届政府教育部、高等教育司或者法语标准化委员会的高官，往往代表了相关部委的意志，同时委员会还包含专家成员，一般是记者、教授和专业领域的工程师。另外，术语委员会还有其他法语国家的代表。

术语委员会并不是自己创造新的术语，而是在已经广泛使用的候选术语中进行遴选和审定。对术语的审定要广泛参考各方意见，包括工业的、商业的术语库，这个术语库由法语及法国境内语言总司负责收集建立。除此之外，也要参考法兰西学院、法语国际委员会，以及加拿大、比利时和瑞士语言服务部门的意见。

Loïc Depecker 是现任法语及法国境内语言总司负责人，他曾经负责相关的术语工作。他在 1994 年时曾经总结说术语的工作是漫长而复杂的（Brèves，2nd term）：

> 首先要由各部委的术语委员会提供长长的术语名录，这一般要花两年的时间，但是只有这样才能保证我们最后审定术语的质量。为了建立标准，我们必须参考、选择、论证、审定。很多领域的人都参与了这项工作，这样才能代表一种集体的责任。

形成新术语和新词，常常包括一至两篇论文，还要附加一份在其他公文中使用过的术语名录，非常精确地记录每个术语从一个部委到另一个部委的文件中在表述上变化的历程。

最后审定的术语，不只在公共服务领域使用，非政府服务部门也必须使用。比如，1986 年 2 月 17 日通过的（1986 年 3 月 21 日的官方公报）一份关于城镇规划和房屋建设的决议中，就要求必须使用相关术语。比如，关于术语的使用有如下规定：

术语审定发布后三个月内，内政部和公务人员发出的公文、决议、通告、指示和命令必须使用术语。

六个月内，相关的文件，行政部门、服务部门、国家公共机构发出的任何文书，或者写给以上各部门的信件都必须使用术语。

六个月内，在新出版物和再版书刊及课本中，国家机构、组织、学院等自主编写或授权编写的培训资料、科研文件等都必须使用术语。

术语委员会还为各部委提供专家、法语母语者的科研技术人员团队以帮助对术语进行审定。术语化是确保法语成为工作交流语言的必要途径（Anne Magant，in the preface to the Dictionnaire des termes officiels，January 1994）。在这时期的语言政策中，没有提及术语是否应该替代英美术语，但列举了一些成功的新术语的例子，大都使用的是翻译法，比如软件 Logiciel－software、磁盘 disquette－floopy disk、集装箱 conteneur－container 等。

但是，也有人认为，法国术语委员会的问题是，他们认为自己的工作只是为那些专业术语新词提供一个法语的说法，或者在已经有的概念中找一个与新词新语相对应的概念，因此术语委员会觉得术语是科技进步的自然衍生物，而不是追求语言革新的结果，该机构不会帮助法国的科技创造新的概念、创造新的法语词汇。因此，术语问题到底是语言革新问题，还是适应科技发展的问题，这值得语言学家进一步讨论。

三　反性别歧视语言政策的实施与效果

一项语言政策的效果如何，关键在于言语社区能否在生活中接受政策的建议。

语言中的性别歧视问题一直都存在，是否把它纳入语言政策规划的范畴以及如何规划也是很值得研究的，法国在 20 世纪 80 年代的时候，进行过一场关于语言性别歧视的大讨论，也促成了相关语言政策的产生，但最后这些政策的实施成效如何呢？我们可以来了解一下。

1986 年，法国出台了关于语言性别歧视的政策，要求在法语中剔除或者减少使用带有性别歧视的表达（Médias et Language，1984；Evans，1985，1987；Gervais，1993）。内政部也相应有一系列语言政策来保护妇女的权利，与妇女相关的部分术语也由术语委员会协调监督。

这项语言政策出台的起因是，1981 年法国社会党执政后，性别歧视的问题成为新政府的主要政治关注点，政府开始鼓励消除性别身份的行为。在这样的政治气候下，一些女权主义者开始活跃起来。例如，1983 年、1984 年，教育部出台相关文件，指出所有学校都应采取反对性别主义的行为。同时期，其他一些国家反性别主义的行动和立法也大大影响了法国的反性别歧视运动，特别是在劳动法领域。比如，1977 年，《美国心理学杂志》出版《没有性别的语言指南》成为美国最成功的妇女运动（Cooper，1989；Niedzwieki，1994），在法语国家中，加拿大出台了《无性别语言出版指南》，该国还在专业名称的阴性化方面做了很多积极的努力，成果最后于 1986 年面世（Niedzwiecki，1994：247 -251）。

在法国，语言中一些歧视女性的表达也逐渐被大家关注。比如，有些专有名词只有阳性表达，没有对应的阴性表达，这被认为是一种男性霸权文化的体现。Roudy 女士，把术语委员会的工作重心放到了反对 1983 年法国劳动法中有关男女不平等的表述上，比如，招聘广告中不得出现有性别偏好的词语，结果导致了很多语言表述困难（法语中有些职业的词语只有阳性形式没有阴性形式，这给招聘表述增加了困难）。

这些事件看似语言问题，其实都是社会问题，术语委员会被推到了风口浪尖，成为政府、社会学家、读者、教育学家、语法学家甚至法兰西学院的代言人（Gervais，1993）。很多语言学家也被卷入其中。在各种压力之下，术语委员会委员着手应对语言当中的性别歧视问题，他们组织了语言调查、语言态度调查，并起草了一些语言转用的提案。

媒体也开始介入，1984 年 4 月 21 日，Claude Sarraaute 在《世界报》的专栏文章里发起了对语言性别歧视问题的公开讨论，并于 5 月 8 日公布了讨论的结果：

> 有70%的人反对在语言中反性别主义，大部分人认为，阴性、阳性只不过是法语的特性，不依赖性别存在。男士兵是 guard，女士兵就是 une vigile；男演员是 actor，女演员就是 une actress；男明星是 star，女明星就是 une vedette。那你能对一个女法官说“chere matresse”[①] 吗？或者对一个国家首脑使用“cheftesse”[②] 吗？我们标榜自由平等博爱的国家 La France 也是阴性的，所有阴性的词语都没有必要改变语法去给自己一个权威（Le Monde，1984）。

争论的焦点集中在专有名词阴性化的问题。专业身份名词代表的社会功能是一样的，与性别无关，但是有些女性希望那些只有阳性表达的专业身份标签能阴性化，以此与男性从业者区别开来，这是对女性从业者社会地位的尊重。当时这一争论陷入白热化，很多媒体进行了大篇幅的报道，男人们和女人们的观点往往大相径庭。

关于性别歧视的社会争论最后演变成了语言之争，并没有关注权力和这种争论带来的后果，大家只针对社会分析互相攻击。出版物上的评论也开始从否定批评变成破口大骂（Houdebine，1987：18－30；Gervais，1993：133）。支持的评论主要来自《费加罗报》《世界报》的一些专栏，还有一些媒体、语言杂志的读者来信栏目，可是一些右翼报刊和女权主义书刊则攻击说，社会党政府和妇女正在努力摧毁法语，就像他们要把经济、银行、工业都国有化一样（当时的总统密特朗是法国社会党主席，政见偏左翼，其施政内容倾向于社会主义的方式，详见本章后的背景介绍）。

法兰西学院对这一论战的反应也很强烈，它没有批评术语委员会的工作，但是在《世界报》上公开提出了建议：一般情况下，要尽量避免使用阴性词汇（Le Monde，20 June 1984；Le Figaro，23 June 1984）。如果在有选择的情况下，优先使用没有性标记（即阳性）的词语。

这么大范围的论战即便在法国也是很少见的。争论对于社会来说是一

---

① “法官”的法语表达是 magistrate，是阳性名词，没有对应的阴性形式。

② “国家首脑”的法语表达是 chef，阳性名词，没有对应的阴性形式。

个好的机遇，因为语言政策和语言问题可以拿出来进行探讨。术语委员会最后形成了语言转用报告，建议在语言习惯上做一些改变（Evans，1987）。该报告涵盖了大约500个词，列举了一些语言学的例子，推荐使用的词非常广泛，比如，女建筑师（une architecte）、女医生（une médecin）；加一个“e”来变成阴性的词，比如女代表（une déléguée）、女代理（une agente）；加后缀“-teuse”“-trice”的词，比如女顾客（une achteuse）、女主持人（une animatrice），结果，有时候，加“-trice”可以接受，而加“-teur”和“-teuse”又不能接受，比如女编辑（une éditrice）可以说。报告推出后，政府并没有急于出版这些规则。1986年1月20日，术语委员会正式批准实施该语言转用方案，1986年3月16日对外公布，不过最后公布的形式从原计划的有强制执行力的“决议”改为没有强制执行力的“通告通函”形式。

最后，学校课程体系并没有接受这个报告，也没有接受推荐使用的词语形式。1986年3月，政府从社会党人执政变为希拉克执政。希拉克政府宣布了重组术语委员会的重要决议（No. 86-439 of 11th march 1986），并把该委员会纳入了法语最高委员会的全权管控之下，确保一般语言问题都由法语最高委员会来处理，直到1995年之前，语言性别歧视的话题再没有被官方提出来过。

四 小结：语言政策的成效

我们一般使用言语行为的改变来衡量语言政策的成效，但言语行为的改变往往很复杂，因此不能简单地说一个语言政策成功与否。它至少包括三个方面的问题。

其一，近期成效和远期成果。一个语言政策所产生的影响可以分为近期的成效和远期的成果。近期的成效是立竿见影的，是马上可以看到的量上的变化，但也有可能这些变化很快又回到了原点。远期的成果是经过长时间的沉淀而发生的质的改变。比如通过电视教授语言和利用市场推广语言是一种短期行为，通过编写《小拉鲁斯词典》这样的政策行为，可以固定一些特殊的法语表达形式，这就是一种长期改变法语世界表达习惯的方法，这样的政策使人们在未来不但能接受巴黎法语，也同样能接受法语的其他区域变体。

其二，政治社区的语言成效与普通社区的语言成效。语言政策一旦通过立法和行政决议的形式在宏观层面被实施，或者在微观层面被教师、警察、游客服务中心、消费者保护协会等这样的公共服务人员和机构使用，言语行为的改变很快就会在民族或政治社区中发生改变。但是在普通社区比在民族和政治社区需要更长的反应时间，也更不容易预测其效果。这是由政策的影响力决定的，政策在公务员等这些政治阶层中更容易实施，而在普通民众阶层就不太有强制效果了。此外，语言政策规范的语言行为往往是非常困难和复杂的语言问题，比如正字法改革、性别歧视语言的清除、改变标准语与英语及区域语言的对立情况等，这些语言行为都是很难让人接受和改变的，需要较长的时间。

其三，政策成效的不可预期性。对于语言政策，政策制定者并不能预期一个特定的结果。比如，法国早期的扫盲运动，希望使法国实现零文盲，但是政策实施的结果是，在强大健全的教育体系的覆盖下，看似文盲在法国已经不存在了，但事实上，后来发现社会中存在大量的功能性文盲，这是最开始进行扫盲运动时不曾预期到的情况。再如，正字法改革在很多人看来是为了解决法语当中拼写不规范的问题，但是，最后民众反对的理由是，新的拼写改革不但没完全解决不规范问题，反而带来了新的不规范，让人无所适从。改革者希望让孩子们减轻学习复杂拼写法带来的负担，但人们并不买账，认为这是一种“放弃旧有学习习惯的做法”，这些都是改革者没有预料到的结果，其问题的实质是，正字法改革根本无法解决法语的拼读系统和书写系统不完全统一的矛盾。

尽管语言政策的成效有这么多不确定性，但政策还是应该致力于解决或者缓解最核心的语言问题。如果不具备这样的条件，就可以被认为是一项失败的政策。下面我们以废止的 1975 年法案来分析不成功的语言政策的特点。

众所周知，1975 年法案于 1994 年被《法语使用法》取代，原因是其没能成功阻止法语向英语借用词汇的现象。那我们会认为，是这部法不够严苛，所以才遭到了废止的下场，其实，真实的情况恰恰相反，是这部法律太过严苛了，让人们发现现实生活中有那么多法语不能接受英语的现象。1994 年 Legendre 的报告和法语及法国境内语言总司的第一个年度报告（1994）中都对 1975 年法案的成效以及政策制定者从该法实施过程中获取的语言红利进行了分析。

Legendre 的报告揭示了 1975 年法案的一些不为人知的地方。

其一，我们知道 1994 年《法语使用法》只对广告用语进行了控制，1975 年法案却试图控制法语在商标和公司名称中的使用，这比《法语使用法》更为严苛。

其二，1975 年法案并不是单纯从保护消费者权益出发的，而是附带其他文化目的。比如，Legendre 引用 1986 年一个庭审判决为例子，这个判决宣称："消费者可以从快餐店提供的图片和图表来获取有关食物性质的信息，但这是不够的，必须要有法语的说明。"这种超出了消费者权益保护的其他文化目的，让人更难接受。

其三，1975 年法案没有明确的制裁性质，部分是因为建议给予的制裁不适当或者很难启用，另外也因为一些处理案件的机构，既没有专家也没有能力确定犯罪的性质。庭审的案例也倾向于纵容，因为法官并不认为市民必须遵守一个这样模糊不清的法律条款，或者因为他们感到已经陷入了一些案例的泥沼。1993 年，有疑似案例 1888 件，最终坐实的案例仅 356 件，占 19%，发出警告的案例有 191 件，向法庭移交了 165 件案例，最后只有 15 件案例被定罪。然而，1992 年被定罪 22 件，1993 年降为 15 件……语言案件坐实和实施的难度可见一斑。

其四，法语及法国境内语言总司的报告也对 1975 年法案的细节做了相关统计，总结了该法的很多不足之处：该法在规范一些特殊商品、工厂的产品上，取得了令人满意的效果，但是在有些领域没有得到实施。1975 年法案颁布以来，仅有一件有关劳动合同的案例，没有一件关于公共服务领域不尊重法语的案例。总之，1975 年法案仅仅对消费者保护领域有一定的约束力，没有很好地履行保护法语的职能：它没能支持法语在科技领域的发展，也没有发挥法语在学校和媒体领域应该发挥的作用。

基于以上所列举的 1975 年法案的种种问题，它最终作为不成功的语言立法被废止了，取而代之的是 1994 年的《法语使用法》。有人认为，这时的语言政策的实质已经不仅仅是语言政策了，更是一种加强国内身份认同和稳固国际形象的社会政策。

背景链接

1981～1995 年在任的法国总统是弗朗索瓦－密特朗，他是法国历史上第一位信仰社会主义的左翼总统，1965～1968 年担任法国民主联盟主席，1971 年继续担任法国社会党主席。以反对戴高乐主义著称，1981 年击败时任总统吉斯卡尔－德斯坦，成为法国第一个社会党人总统。任内实行不成功的经济改革，宣布建设法国式的社会主义，加速国有化进程，对外继续推行独立自主的外交政策，1986 年议会大选后，右翼取胜，与总理雅克－希拉克实行共治，1988 年 5 月在总统选举中获胜，蝉联总统。他的功绩包括进行社会改革，取消死刑，签署《马斯特里赫特条约》和推动影视自由。

在外交方面，他执行了一项以欧盟建设为中心的外交方针，他对法国的未来与欧盟紧密地联为一体深信不疑，他认为要想在欧洲避免战争，保持法国在冷战后以及未来变幻莫测的国际形势中的安全和战略地位，法德联盟和欧洲联盟是法兰西民族唯一的选择。在他的领导和推动下，欧洲建设十多年来取得了巨大的进步，其中最为关键的是马斯特里赫特欧盟首脑会议的成功。这次会议奠定了欧洲统一市场和统一货币，以及欧盟共同外交和共同防务的基础。密特朗对欧盟的信念从某种程度上来说改变了欧洲历史进程，从而影响了世界格局。

密特朗对非洲的政策脱离现实，一意推行“民主外交”，将对非洲法语国家的经济援助和政治支持与其民主化进程联系在一起，这也在非洲引起了一系列的混乱和危机，反过来深深地影响了法国在这一传统地区的存在和声望（郑若麟，1996）。

密特朗总统在任期间的很多语言政策体现了他的政治倾向和意志。

第五章　语言政策实践状况研究

——《法语使用报告》分析

第一节　社会经济生活中的语言实践

虽然法国的语言政策被当作纯洁主义的典范，尤其是在《法语使用法》颁布实施之后，政府却不以为然，法语及法国境内语言总司认为《法语使用法》并没有维护法语纯洁化的倾向，更没有刻意驱逐生活中的外语词汇，其目的是保障公民的法语使用权，保障公民能用法语生活、工作、学习和获取信息以保障自身的安全与健康。我们可以来看看社会经济生活中的语言实践，然后对语言政策做出判断。

一　《法语使用法》保障法语使用权

在法国，法语占有绝对主导的权力地位。既然在宪法当中已经规定了“法兰西共和国的语言是法语”，那么通过立法保障法语在国内的使用就再正常不过了。这是法国立法系统的一贯逻辑。从这里，我们也可以发现一个问题，当选择使用立法的方式来保障合法语言地位时，就意味着要不断地用无数条新的法律来对其进行完善，以应对新的改变。要知道，语言各层次的变化速度并不是一致的，语言的功能也在不断变化。这也是有的国家拒绝使用立法的方式或者制定显性政策的方式来规划语言的原因。

同时我们发现，《法语使用法》从本质上讲是一部对语言功能进行规划的法律。完全不同于其他那些对语言象征性地位和规范化使用进行规定的法律。它不但对法语在商业服务、公共服务、劳动力市场、法院庭审等领域的信息沟通功能进行了规范，也对法语在学校教育、科研、出版、文化传媒等领域的文化载体功能[①]进行了逐一规范。而其产生的背景，是英语全球化背景下，法语在上述功能领域的地位不断被英语影响，所以从目标上来说，《法语使用法》是为了确保本国人民在社会生活中使用法语的权力，或者说是维护人民的生活和服务不被英语影响。

首先，我们来看一看《法语使用法》在商业服务、公共服务领域的作用。

《法语使用法》第二条、第三条、第四条对法语在商业服务、公共服务领域的使用做出了明确的规定。[②]

"法国竞争、消费者事务及防止欺诈部"（DGCCRF）[③] 每年会调查统计全年该领域内的语言违法案例。根据法语及法国境内语言总司 2017 年《法语使用报告》公布的该项调查的数据，我们统计出 2002～2016 年法国商业服务领域语言违法案件认定率，并形成曲线和趋势，如图 5－1 所示。

在商业服务领域，被认定违反《法语使用法》的语言案件呈逐年上升趋势。但在历年涉案的语言投诉中，被最后认定为违法的语言案件都没有超过 15%，最后进入法庭庭审的案件更是少之又少。由此我们可以看出：其一，《法语使用法》在维护法语使用方面还是有一定成效的，语言投诉案件最多的年份是 2011 年，达到了 12848 起，认定犯法的案件有 1421 起，约占 11.1%，投诉最少的年份是 2014 年，有 7000 起；其二，语言投诉案件数量逐年上升，反映了人们对外语与法语权力关系的态度越来越明确；其三，认定率普遍偏低，说明语言违法案件的认定和判罚有很大的难度，早期执

① 李宇明在 2018 年提出语言功能论，指出语言按其功能划分可以分为信息沟通、思维工具、文化载体和象征认同符号四大功能。

② 《法语使用法》第二条：商标、价格、展览、使用说明、财产担保、产品说明、服务说明、发票和收据，必须使用法语。第三条：所有设置在公共道路、公共开放场所或公共交通工具上的，并以公众为传播对象的说明文字及告示，均应用法语书写。第四条：从事公共服务的法人或私人张贴或制作前条所指的说明文字或告示时应当至少有两份译文（刘洪东，2014b）。

③ DGCCRF：la Direction Générale de la Concurrence，de la Consommation et de la Répression des Fraudes，是法国经济部下属的一个行政管理部门，与法语及法国境内语言总司一起对语言违法行为进行管理。

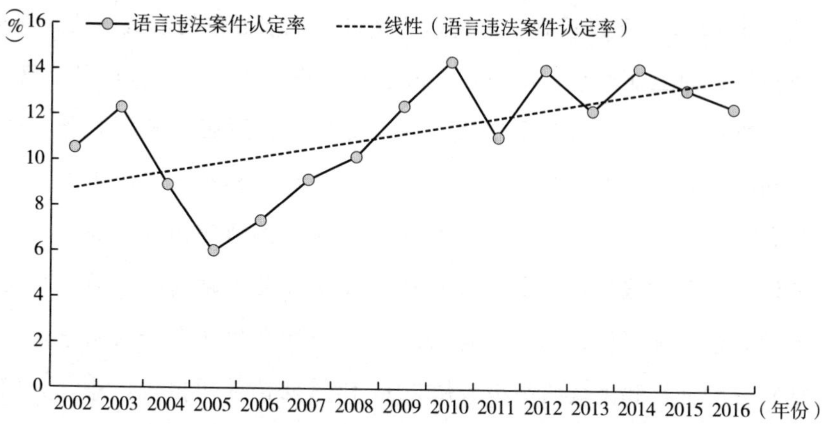

图 5－1　2002～2016 年法国商业服务领域语言违法案件认定率

法是比较宽松的，但随着该法的不断实施，认定也越来越严厉，以致 15 年来语言案件犯法率总体呈上升趋势。

此外，将 2017 年《法语使用报告》对 2016 年所有语言违法案件在各消费领域分布情况的统计数据制成饼状图，如图 5－2 所示。

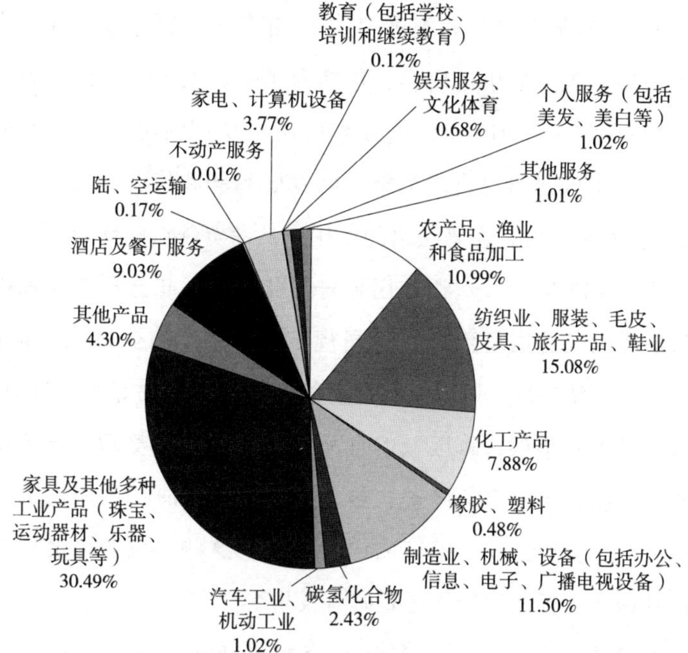

图 5－2　2016 年法国各消费领域语言犯法案件占比

从图 5 - 2 我们可以看到，语言违法案件占比前五位的消费领域分别是：家具及其他多种工业产品，纺织业、服装、毛皮、皮具、旅行产品、鞋业，制造业、机械、设备，农产品、渔业和食品加工，酒店及餐厅服务。这五类产品和服务中的语言问题主要来源于以下几点。其一，全球化进一步深化，欧洲一体化进程加快，人民享受的产品和服务越依赖进口商品，进口商品的语言标志越成问题。其二，对产品安全性要求越高的领域，其语言监管就越频繁、越严格，这充分体现了语言与社会生活安全联系紧密。监管包括官方的抽检和民众的举报。从 2017 年《法语使用报告》中，我们得知，家居类产品，尤其是厨房产品，比如微波炉、烧水器、无线电热水壶、面包机等对安全性要求很高的产品涉案比例较高，电动玩具、工业产品、个人护理产品也是涉案重点，这都与语言的安全信息指示功能密切相关。其三，自行车、园艺工具、眼镜等产品也遭到较多投诉，这与法国人的生活方式导致的产品使用频率相关。因为在法国，骑行和家庭园艺都是非常普遍和高频度的生活方式，对相关产品的需求量很大，而且非常依赖进口。眼镜在法国属于公费医疗保健类产品，有相当大的需求量。最关键的是，这些产品中关涉了重要的语言内容，包括警示语、安全使用说明和翻译等。

如果我们对 2003 ~ 2016 年消费领域的法语使用情况做一个历时的比较分析，那么我们可以得出语言政策施行的发展趋势和特点。

其一，《法语使用法》保障法语的使用是从商贸领域的浅层逐步深入深层等敏感地带的。2017 年的《法语使用报告》指出，每年选择参与抽检的产品和服务，都是法语及法国境内语言总司规定的必须严格执行《法语使用法》的领域。比如在食品领域，以下内容是监管的重点：从比邻国家进口的食物，法语说明信息是否有错误；跨区域的食品标签是否有完整的法语说明；外国进口的特产（包括罐头、鱼、蜂蜜、熟食、米和橄榄油）食用说明书的翻译是否准确、可读等。法语及法国境内语言总司对这些领域法语使用情况的评价是“逐渐在改善，但违法行为还是时有发生”。

其二，在个人产品领域，主要针对有水电连接的电器，其产品上的警示语言和安全使用说明是否均用法语标注，并且明晰显著。此外，对供儿童使用的项链、耳环等饰品，其原材料的成分是否用法语标注，是否加注了法语警示语，如“项链可能造成勒亡”或“请勿吞食配件”等。在 2013 年的 1325 个抽检产品中，仍有 4% 的儿童产品没有按照规定使用法语。

其三，针对语言违法案件，政府部门采取了警告、立案调查、启动召回条例、移送检察机关、庭审宣判等逐级加深的处罚方法。此外，政府语言部门还负责帮助这些涉案的商家和企业设计安全警示语，指导它们正确编写外语说明等。

其四，政府每年还会组织不同的专项行动促进该法的实施。比如，推出季节性的法语使用检查活动：夏季几个部委联合推出假期行动，上街或去集市检查各种产品的文字标牌；冬季行动一般是在年底推出圣诞节产品检查行动，对圣诞节产品的防火安全法语标牌进行检查；秋季行动主打“回到教室”，对学校、培训机构、教育部门使用的各种文体用品的标识说明、警示标牌进行语言检查，为学校安全去除隐患。

可以看出，语言立法源于语言实践。虽然《法语使用法》的施行被很多语言学者认为是过度保护法语，是语言纯洁主义的手段，但在法国社会生活的语言实践中，确实起到了保护法语使用者切身利益的作用（这正是《法语使用法》比 1975 年法案更高明的地方）。以商业贸易领域产品和服务中的法语使用为例，《法语使用法》在该领域既保护了消费者的利益，诠释了公民该享有的知情权，也维护了法语的地位。特别是关乎家居安全、食品安全等的领域，如果任由英语或其他出口国的语言使用，或者翻译不准确、不严谨、不易理解，都会使法语使用者的利益受损。

从语言政策理论的角度来说，语言政策的核心是确立某一种语言在某种功能领域的地位。在社会消费领域，《法语使用法》规定了法语使用环境，维护了法语地位，同时对英语或其他语言在该领域的使用采取了不认同的语言态度。按照布迪厄的符号权力理论，一种符号对另一种符号的象征性权力只有当它被使用者认同时才能发挥效用，所以，英语虽然拥有全球影响力，但在法国境内，政府用法规政策给予了强制的不认同，导致英语对法语的符号权力无法行使，《法语使用法》正是通过这样的方式在领域内对法语地位进行了保障。正像菲什曼（Fishman）在《语言社会学》一书中指出的那样，“语言规划机构越来越有可能确定哪些规划、方案和成果对哪些人群是成功的，对哪些是失败的”（菲什曼，1979）。恰当地对消费者权益进行保护是《法语使用法》最成功的语言保护切入点。

二　法国的多语生活实践

判断语言政策成功与否，要看这种政策是否有利于语言的发展、有利于国家形成健康的语言生态或是有利于提高国民的语言能力。判断强行建立起来的语言环境是否真正健康，要看随之而来的国家语言状况是否符合语言的生存发展规律。笔者收集了部分法国境内的语言景观，如图 5－3 至图 5－6 所示。

图 5－3　法国尼斯地铁站自动售票售卡机上用多国语言注释的使用说明

注：除了法语以外还注释了英、意、西、德、日、俄、中七国语言。

从图 5－3 至图 5－6 中，我们可以看到法国的公交系统、商业广告、公共设施及产品商标的提示语都使用了多种语言注释，并没有只使用法语或英法双语。从《法语使用法》的相关规定来看，法条仅仅强调了必须有法语标志，但并没有指出必须使用多语标注。对有外语标志语的情况，只强

图 5－4　法国尼斯房地产租售广告上的四种语言介绍

注：下面四行文字分别是法语、英语、西班牙语和俄语。

图 5－5　为残障人士准备的爱心专座上的标志语

注：使用了英语、法语、意大利语三种语言。

调必须使用同等理解程度的法语翻译，并没有要求多语翻译。这可以说明《法语使用法》带来的结果并不是狭隘的法语保护主义，法国和欧盟积极推行的多语主义开始在社会生活中体现出来，这可以看成《法语使用法》提倡的法语使用权在语言多样化和母语权力保护中的一种延伸。这种社会生活中的多语状态也可以看作伴随《法语使用法》而来的新语言态度。

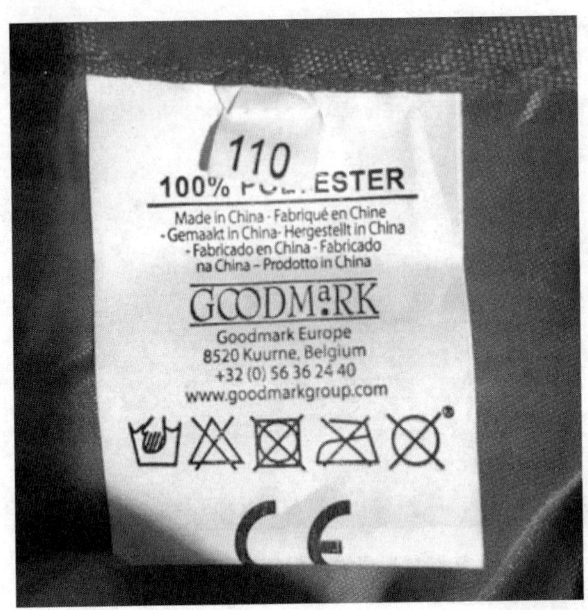

图 5－6　服装商标上关于产地的标注使用了七种语言

注：依次是英语、法语、荷兰语、德语、西班牙语、葡萄牙语、意大利语。

此外，我们又对商务领域互联网的语言使用情况进行了分析。

根据 2012 年、2013 年法国电子商务网页法语使用情况的调查数据，在参与抽检的 13931 个必须遵循法语使用规则的网页中，2012 年有 10483 个网页合格，2013 年有 10195 个网页合格。对这些网页的语言具体使用情况的统计如图 5－7 所示。

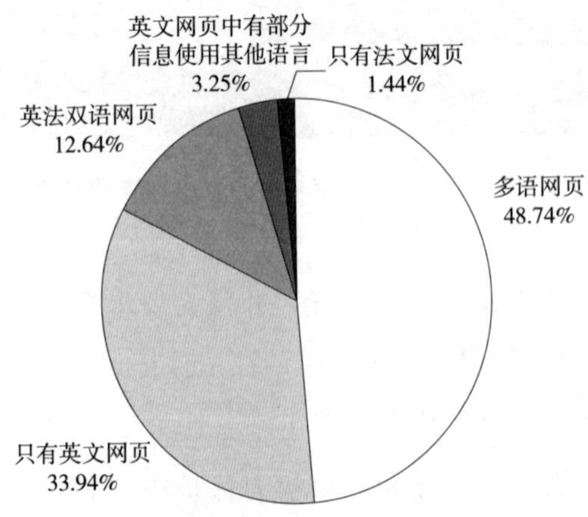

图 5－7　抽检的商务网页的语言使用占比情况

从统计数据来看，近一半的网页采取了多语方式，从法语及法国境内语言总司的态度来看，多语网页的使用是法国政策部门认为的比较理想的语言生态环境。仍有近一半的网页只使用英语，或以英语为主，或使用英法双语，而单纯的法语网页非常少。英语不出所料成为法国商贸语言多样化的最大障碍，如果法国仍然强调在国内商务中使用法语单语政策，看似法语的语言地位高了，但输掉的领域会更多，目前多语政策的施行，应该是法语能获得最优语言地位的方式，如果只使用英法双语，那么更多的领域无疑最终会让渡给英语，只有在语言的多边博弈中，法语才能收获更多。英语全球化背景下，保护法语政策以多语政策的面貌出现，同时也为法国带来了新的语言生态。

三　劳资领域的语言使用状况

对劳资领域语言使用状况的监管主要体现在对法国的大型跨国企业、合资企业内部语言使用状况的分析调查。

《法语使用法》中第八至十条，对劳动法中与法语使用相关的三项条款进行了修订。主要涉及以下三方面的语言使用问题：其一，劳资双方的书面劳动合同，必须使用法语撰写，如有外国劳动者时，必须附有外国劳动者的母语合同译文，两者发生矛盾时，以母语合同译文为准；其二，劳动部门的内部规章制度应用法语撰写，可以附有一种或几种外语译文，签订的劳资协议、企业协议以及劳动者的义务、工作任务及必须具备的条件等，应用法语撰写，可以附有一种或几种外语译文，只用外语撰写的任何规章制度没有法律效用；其三，劳动过程中使用外语撰写的各种文本，在没有法语表述时，必须使用法语进行详细注解说明，专业术语在没有对应的法语术语时，必须使用详细的法语注解说明。

法语使用报告从2006年开始对法国境内的大型跨国公司，合资、外资公司进行语言使用状况的监管和调查。从相关数据来看，这一领域关涉了法国约800万劳动者的工作语言环境问题。

2006年，斯特拉斯堡大学的克劳德·特鲁科特（Claude Truchot）教授对来自 13700 个企业的 18000 名职工进行了访谈调查，出版了《法国企业说什么语言》（Quelles langues parle - t - on dans les entreprises en France）的调查报告。法国外企的语言问题可以说就像一个国家的语言状况一样复杂，也需要相应的语言政策来进行语言管理（Truchot，2014）。

2006 年，四分之一的职工除了法语只会一种语言，大多数情况下是英语，而这一比例到 2014 年的时候已经增长到了三分之一，大约有 50 万名职工表示，在这样的语言环境中感到压抑。即使颁布了《法语使用法》，也不能就此在企业内废除英语，而是需要做好这些企业内部的语言规划，在保证国际交流的同时保障法国劳动者的语言权利。

2013 年根据调查的结果，特鲁科特教授出版了《企业语言实践指南》（Guide des bonnes pratiques linguistiques dans les entreprises）。同时，他指出一个跨国公司如果希望有好的语言实践，必须进行以下语言规划：其一，公司应该有明确、显性的语言管理制度；其二，在企业招聘中，充分考虑招聘启事的书写语言、简历的书写语言、对用工者的语言要求等；其三，对员工的语言培训；其四，行业内的国际交流语言；其五，企业对外交际使用的语言是英语、法语还是当地语言？电子商务平台上的语言又如何规划？其六，是提供翻译服务，还是忍受网络翻译的种种弊端，抑或是使用机器翻译等？翻译质量和翻译成本的协调都是考量的对象。

事实上，法国外企是英语使用的重灾区。特鲁科特教授在调查报告中专章探讨、评估了法国跨国企业的英语化问题。在这些企业中，由于全球化的交流环境，英语是首选的或普遍的语言，目前英语的使用趋势是，不再仅仅作为中介交流的语言使用，而是逐渐开始部分或全部地被当作功能性语言使用，也就是说，英语不再仅仅帮助两个有不同母语的人进行沟通，而是在企业的组织、经营、管理过程中被使用。出现这种变化趋势的原因主要有三点。其一，这些跨国公司的总部往往设在英语国家，比如美国、英国、澳大利亚等，为了和总部保持畅通的交流，英语逐渐成为组织管理的语言。其二，现代信息工具的使用也是企业英语功能化的原因，工作中的大量专业软件、办公软件是英语的，而翻译的规则也执行不力。其三，英语逐渐从口头语言、会议语言向书面语言转化，比如一些管理章程、描述组织功能架构的文件也开始使用英语，还有官方网站上的个人信息、电子邮件等也都是使用英语。他说："像西门子这样的大公司，公司默认英语为法定的交流语言体系，邮件交流、工作报告、会议报告的撰写以及与总部、国外分公司之间的书面往来都是使用英语，而公司所在国的语言和其他语言的功能越来越弱化和边缘化。"（Truchot，2014）

法语及法国境内语言总司对在法外企的英语化程度进行了分类评估，依据的标准正是英语的功能化程度，像通用电气、宝洁这样的北美企业，内部语言全盘英语化，被定为"anglicisation forcée"（强英语化）等级，次之的是一些总部在欧洲的企业。评估的目的是让法国境内的企业，在语言使用上更尊重所在国的通用语地位和工作人员的母语。

然而，2006 至 2014 年，通过近十年的对语言政策的管理，英语在法国外企的使用情况不但没有减少，反而越演越烈，并且有往更广阔的领域蔓延的趋势。英语化不仅在一些制造业企业中出现，还逐渐向信息、金融、航空、电子、工业制药、高端旅游等领域的企业延伸，UNSA① 的负责人说："在信息行业，我们有一个非常自然的语言共识，全世界都在说英语，如果说两个人之间必须交流，那种语言只能是英语，这是一种无奈的选择。"金融业的英语化是从跨国银行开始的。当然，欧盟的语言多样化政策对这些跨国企业还是具有一定威慑力的，也有些企业表示，如果是回复来自欧盟委员会的询问，它们往往会选择使用法语。

这种英语化带来的恶果也是显而易见的。首先，不以英语为母语的工作者在这种语言环境中工作，并非一种很惬意的状态，即使英语水平很好的人也会觉得相当疲劳，存在更大的工作压力，这种状态不是由英语水平的高低决定的。据统计，2010 年，法国有 25% 的劳动者不是使用自己的母语进行工作的，2014 年，71% 的法语被访者表示，如果在自己的工作领域中选择一种最能解决问题的语言，那么他们会选择英语，而其中有 45% 的

---

① UNSA：Union Nationale des Syndicats Autonomes（民族自治工会联盟）。

人是迫于压力。其次，企业语言的英语化也将带来更深层次的竞争不平等，因为语言能力优先将凌驾于专业知识优先之上。英语能力成为能力的主要指标，语言的等级从某种程度上决定了工作能力等级，年轻人普遍比年长者英语更好，因此在企业内，年轻人比年长者有更多的收入和提升的机会。有一些法国员工抱怨："我是法国人，在法国工作，但是企业的培训使用英语，我实在无能为力。"最后，在企业中全盘使用英语，包括书面文件和办公软件，这是一种很危险的做法。使用一种外语作为文件的存储方式，从信息安全上讲可能是灾难性的。此外，选择英语而不是依靠翻译辅助，会造成很多的安全隐患，比如，很多大公司的办公系统是微软的英语系统，因为考虑到成本的问题，一般不会翻译成法语系统，但平时大家工作的语言是法语，这样就会造成错误和困难，菜单系统用法语也只能理解 30%，如果用英语就只能理解 10% 了。

全盘使用英语的企业还逐渐显示了一种趋势，那就是随着企业内语言社区的单一化，会形成一种单一文化的社区，比如美国通用电气就取消了员工的跨文化交际培训。但是很多事例显示，文化的实践往往才是企业盈利的深层社会基础。

从该报告中描述的法国外企的现实来看，法国人在外资企业中确实饱受英语的折磨。Tannebaum（2012）曾经从心理语言学角度研究指出，任何一项语言政策的产生，都是在经受了一定的语言变故后，产生的一种应对和防御机制。从劳资领域的法语使用情况和语言转用的程度来看，保卫法语的政策，已经不再是过去法国历史中通常意义上讲的"语言纯洁观"的动机使然，更多的是在语言实践中饱受其他语言权力践踏后产生的一种自我防御机制。

第二节　弱势、边缘语言群体的法语使用与社会矛盾

语言统一市场的建立是保障合法语言地位的重要机制，而统一语言市场最重要的手段是建立为合法语言服务的完善的教育体系，以及测评、考

试、就业等连锁环节。《法语使用法》第十一条，对公立和私立教育机构中的教学、考试、选拔，以及学位、学术论文的语言做出了必须使用法语的规定，并对 1987 年 7 月 10 日颁布的关于语言教学的法令进行了修订，加上了“精通法语并通晓两门外语是基本教育目标的一部分”这一款规定，充分展现了法国法语教育政策和外语教育政策的基本宗旨。

一 移民语言政策的变迁

在法语使用报告中，与移民语言政策相关的部分是“掌握法语”[①] 调查报告。本书收集整理了 2004 ~ 2017 年的报告，对其历时发展进行了分析比较。

2004 ~ 2017 年，法国关于移民的语言政策经历了三个阶段的变化。

第一阶段是 2002 ~ 2006 年。该阶段报告中的相关提法一直摇摆不定，但宗旨是把语言政策作为同化政策以解决社会问题。比如，2004 年，报告称为“掌握法语：与语言隔离做斗争”，2005 年，情况更为严峻，称为“融入、统一政策下的法语学习”，言辞当中有言语社区对立的问题亟待解决之意。

2004 年的报告中，法语及法国境内语言总司强调，掌握法语是为了与法国社会目前的语言隔离状况做斗争，促进社会统一，增加社会的开放性。“掌握法语”调查报告主要涉及两个方面，即采取语言行动促进社会团结和预防文盲的产生，报告形式很简单，以强硬的口号式语言为主。由此，可以看出，这一部分的内容并不是针对普通法国国民的语言掌握问题，而是针对社会中特殊、弱势的语言群体。这与 20 世纪末和 21 世纪初法国社会突出的移民问题是分不开的。

从 1852 年法兰西第二帝国成立至今，法国社会接纳了四代北非穆斯林移民。这些移民在融入法国社会的过程中大致形成四种类型，总的来看，仅有少数北非穆斯林成功融入法国社会从而成为“新法国人”，而多

---

① 法语表述为 maitrise du fran çaise。

数仍以穆斯林定义个人身份，使法国政府的穆斯林融入政策难以达到预期目标（廖静，2017）。移民不能成功融入的重要原因之一就是语言文化融入困难，导致与法国主流社会隔离、对立。2005 年 10 月 27 日至 11 月 7 日巴黎郊区爆发的长达 20 天的骚乱，正是这一时期法国社会问题的集中表现。有研究者认为，法国骚乱凸显了法国政府在移民问题上的治理危机，作为其移民政策的“融合模式”① 亦受到广泛的质疑，这一少数族裔群体事件爆发后，法国在对内的移民融入政策上从个体到群体都有所加强（刘力达，2012）。

在 2005 年的《法语使用报告》中，我们看到了响应这一移民融入政策的语言政策方面的一系列应对措施。2005 年的报告内容做出了较大调整，语言政策在实施的广度和深度上都增加了大量的内容。主体结构主要可以分为在国民教育体系内对移民采取的语言行动和针对社会成人移民采取的语言行动两部分。和以前的政策相比，扩大了对学校语言的管理范围，增强了细致程度，也扩大了对使用法语的社会对象的监管范围，对弱势、边缘语言群体的划分也更细致精准，采取的语言行动也更有针对性。

在国民教育体系内采取的语言行动，细化了语言行动针对的人群分类：第一类是移居流动人群的孩子，要着重提高他们的法语水平；第二类是一般社会教育资源无法覆盖的边缘人群，主要是预防文盲的产生；第三类是与学校关系紧密的合作机构，主要探讨如何提升这些机构中的学习对象的语言能力。

针对社会成人的语言行动，主要关注对作为移民职业准入语言的法语的能力水平测评，减少功能性文盲，同时也关注移民在社会融入中的语言行为能力。

2005 年以后的《法语使用报告》中，“掌握法语”成为必须考察监管的重要内容，形式和内容基本延续了 2005 年的模式。

---

① 法语表述为 intégration。

第二阶段是2007～2014年。2007年的《法语使用报告》中，对这一部分的提法较前几年有所缓和，称为“掌握和共享语言”[①]，2008年称为“共同努力掌握语言”[②]，甚至没有出现“法语”的字样。2009～2014年，又改为“掌握法语：教育和培训的挑战”[③]，这一阶段，主要强调移民学好法语是为了能接受更好、更高层次的教育和职业培训，创造教育平等。这一阶段的法语政策侧重于帮助移民人群解决教育和就业问题。

在这个阶段，我们看到，法语作为非母语学习（FLE）的概念逐渐形成，并从地域上分为在法国国内的学习和在法国国外的学习，后者是最初的对外法语教学的雏形。对于国内的法语非母语者学习语言，政府采取了以下语言政策进行规划管理。首先，对语言对象的年龄进行了细分管理，包括移民或移居法国的、母语不为法语的未成年人，移民或移居法国的母语不为法语的成年人，社会教育资源未覆盖的边缘人群。其次，从语言对象的性质上划分，分为城市移居流动人口和外国移民。最后，从对语言对象的语言要求上，主要分成扫盲、法语作为学习工具以及法语作为社会融入和职业准入能力三类。

第三阶段是2015～2017年。《法语使用报告》又重提“社会融入”，比如，2015年称为“掌握法语是学业成功和社会职业融入的主要问题”，2017年则强调“掌握法语是社会团结的重要问题”，社会的移民语言问题又开始上升到国家团结、语言意识形态的层面。这与2014年后，法国接连遭遇几次严重的恐怖袭击有关[④]，它们都与伊斯兰组织不无关系。法国社会又重新陷入了对移民问题的恐慌之中，移民语言问题就是最重要的风向标之一。

二　针对移民青年的法语学习政策

通过分析十多年来移民语言政策的变化，可以看到法国移民问题的演变历程。我们发现，法国的语言政策是与政府的其他政策配合施行的，政

---

① 法语表述为 maitrise et partage de la langue。

② 法语表述为 un effort conjoint pour développer la maitrise de la langue。

③ 法语表述为 maitriser le fran çais：un enjeu d'éducation et de formation。

④ 包括2015年《查理周刊》袭击事件，“11·13”爆炸恐袭事件，2016年7月14日尼斯的恐怖袭击事件等。

府为应对社会移民问题在语言政策上采取了相应的措施。

法国的主要语言政策如何帮助政府实施深层移民政策呢？我们可以从其不同阶段采取的不同政策来进行分析。

第一阶段，法国政府采取的语言政策是利用语言项目帮助移民孩子学好法语，使用法语作为学习工具。早期实施的语言政策包括：在学校为刚到达法国的移民孩子开设语言体验班和语言补习课（CRI），为已经有一定法语基础的移民孩子配套小班语言教学（CLA）和机动学习课程（MAT）。通过每年的统计数据，我们发现，各个学校为80%以上的移民孩子提供了以上各种层次的语言课程和补习。

但这些语言课程的实施对移民的法语水平有没有提高作用，以及是否有效预防了文盲的产生，还有赖于一个广泛的测评系统。监测和预防文盲产生的测评体系，是1998年实行的JAPD① 计划。这个计划每年在全国范围内对17岁以下的青年进行法语阅读理解能力测试，并对阅读理解困难者进行统计。该项计划从地域上把考察对象分为法国本土和海外省、海外属地两部分。

我们收集了2004～2017年报告中对该项测试的统计数据（最新的数据截至2015年），对这些数据做了一个线性趋势分析，结果如图5－8所示。

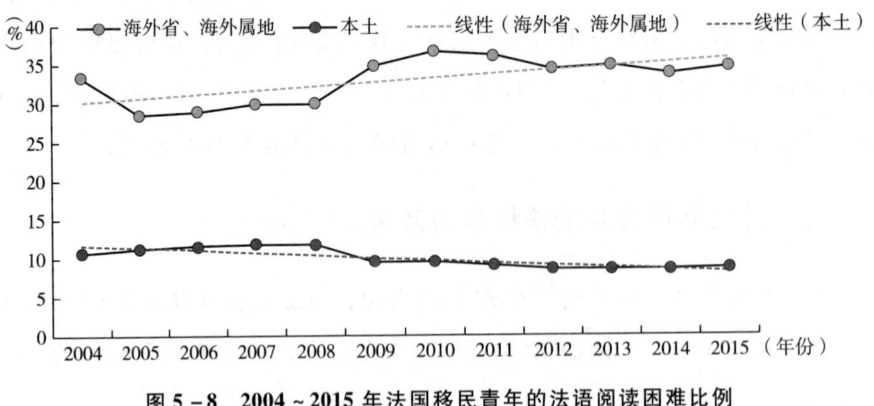

图5－8 2004～2015年法国移民青年的法语阅读困难比例

① JAPD：Journée d'Appel et de préParation a la Défense。是1998年希拉克总统在第一届任期内实行的国家服务政策改革中的一个项目，主要针对移民人群身份的获得和捍卫。2011年后，这个项目更名为la Journée Défense et Citoyenneté（JDC）。

从这项统计中可以看出，法国海外省和海外属地的青年比法国本土青年的平均法语阅读困难比例高出三倍以上，阅读困难者的平均比例分别为34.6%和8.6%，而且十多年来，这种差距不但没有缩小，反而有加大的趋势。其主要原因是，海外省和海外属地远离法国本土，虽然法语为官方语言，但还存在与当地语言的竞争，法国的语言政策在海外的执行情况其实并不乐观。从线性趋势来看，海外省、海外属地青年中阅读困难比例呈现缓慢上升趋势，而法国本土青年的阅读困难比例呈现下降趋势。2008 年以后，政府在移民语言政策上，改变了原有的融合同化方式，以解决移民的教育和就业问题为主，实施了很多措施和项目来改善移民的语言问题，取得了较好的效果，所以 2008～2015 年法国本土青年的法语阅读困难率呈下降趋势。

这里值得一提的是 2014 年的《法语使用报告》。该报告引用了 PIAAC 调查的数据，评估分析了法国社会青年的语言水平状况及其影响因素。

PIAAC 调查是 2011～2012 年，经济合作与发展组织（L'OCDE）（以下简称“经合组织”）进行的首次“国际成人能力评估调查”。该项调查主要考察了经合组织 24 个成员国的 16～65 岁成年人的“语言文字书写能力”和“数字能力”。

在这份颇具影响力的调查中，法国成人能力的各项指标均排在第 20 位以后。比如，在对语言文字书写能力的调查中，在水平低于或等于 1 级[①]的人数方面，法国排在了 24 个国家中的前三位，而在语言文字书写能力超过4、5 级的人数方面，法国则排到了第 20 位，平均语言能力排第 22 位，平均数字能力排到了第 21 位。之所以出现这种状况，是因为法国的海外省人口和本土移民人口的语言能力和数字能力情况特别差，拉低了法国的整体水平。但是年龄在 16～24 岁和 25～34 岁的青年人的平均语言水平分别排在第 19 位和第 16 位，比总体水平要好，这说明新一代人口的语言水平要好于年长者的语言水平。在 2009 年的一项对国际中学生能力的调查（PISA）[②] 中，法国

① 1 级最低，5 级最高。

② 法语表述为 Programme International pour le Suivi des Acquis des élèves。

15 岁学生的数学、科学和阅读能力均在 24 个国家中排第 15 位左右。由此，我们可以看到 2002 年以来，法国政府实施的未成年移民的法语学习政策发挥了作用，提高了年轻一代的语言能力和学习能力。

三　边缘人群语言状况和法国扫盲政策

针对成年人扫盲，2000 年法国成立了国家扫盲总署（ANLCI）[①]，它是一个公益组织。此前我们讨论过，在法国，有很多非政府组织参与扫盲，它们与法国政府合作完成扫盲工作。

（一）对监狱服刑人员的扫盲

它们制定了对特殊人群的扫盲项目，比如，对监狱服刑人员等社会边缘人群的语言能力和职业技能进行培训，并给他们颁发一定级别的能力水平证书，供就业时使用。

法国政府采取的政策包括三个方面：其一，请教师给服刑人员授课，帮助他们提高法语水平；其二，进行职业培训；其三，对他们进行相应的文化教育。

法国政府对母语非法语者的语言水平的测评，使用了 DELF（Diplôme d'Étude en Langue Française）考试方式。这个考试的成绩同时具有学历准入、职业准入的参考价值，2007 年，该考试的评估等级开始参照《欧洲语言共同参考框架》的三级六等，其中 A1、A2、B1 为初始的合格等级。

我们统计了 2005 ~ 2016 年监狱服刑人员中母语不为法语者参加 DELF 考试的情况，合格人数的变化情况如图 5 - 9 所示。除了 2006 ~ 2009 年有短暂回落外，该项考试的合格人数一直呈大幅上升的趋势。值得注意的是，政府从 2008 年以后，对入狱人员的语言和职业能力进行了更精准的调查，对于低龄者，在监狱中给他们开设和学校教育一样的课程体系。我们认为

① 法语表述为 l'Agence Nationale de Lute Contre l'Illettrisme。

服刑人员中，母语不为法语的成年人，通过语言学习或培训，其语言能力获得了较大的提升。扫盲政策对该人群具有一定的效果。

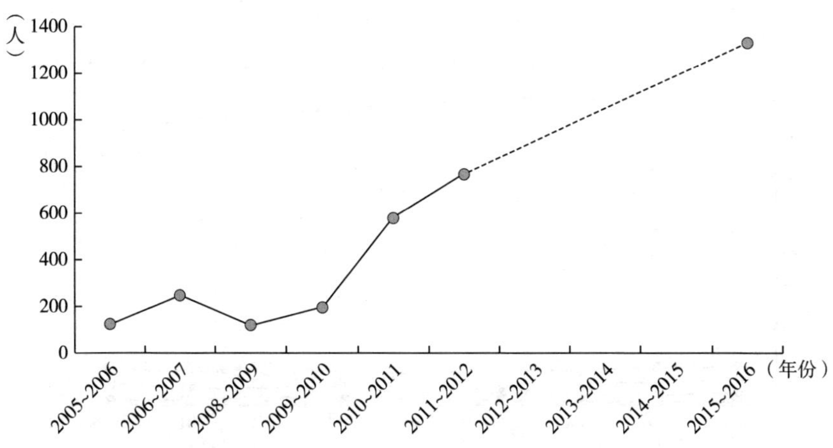

图 5－9　2005～2016 年监狱服刑人员 DELF 考试合格人数

注：未收集到 2007～2008 年数据。

为了标识移民人群的语言状况与受教育及就业之间的关系，《法语使用报告》除了对移民通过 DELF 测试的情况进行统计外，还统计了通过其他资质考试，获得证书的情况，包括：

DILF：法语初始能力水平证书

DCL：语言能力证书

CFG：一般培训证书

Brevet des Colleges：初中毕业证书

CAP：专业技能证书

BEP：专业学习文凭

Bac－DAEU：高中毕业证书和普通大学入校证书

EES：高等教育考试证明

移民人群获得这些资质证书的情况，反映了移民的语言水平和受教育情况。这些资质证书可以分为五个层次，从低到高依次是：第一层次，一般培训证书（CFG），是具有最基础法语能力的证明；第二层次，初中毕业证书；第三层次，专业技能证书（CAP）或专业学习文凭（BEP）；第四层次，高中毕业证书和普通大学入校证书（Bac－DAEU）；第五层次，高等教育考试证明（EES）。监狱服刑人员获得各种资质证书的人数情况如图 5－10、图 5－11所示。

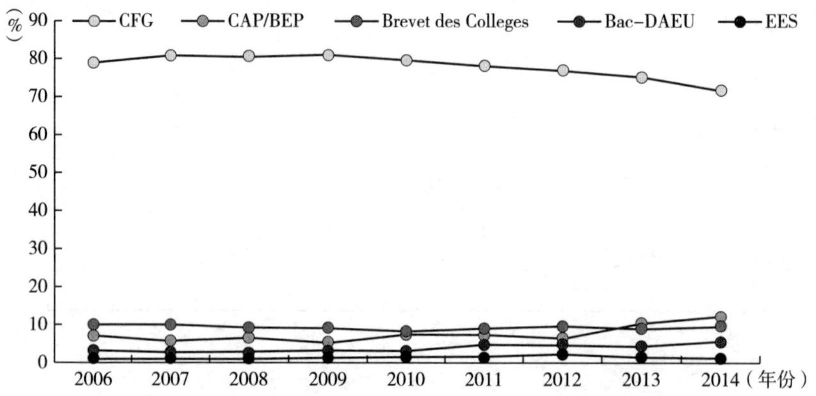

图 5－10　2006～2014 年监狱服刑人员获得语言资质证书占比情况

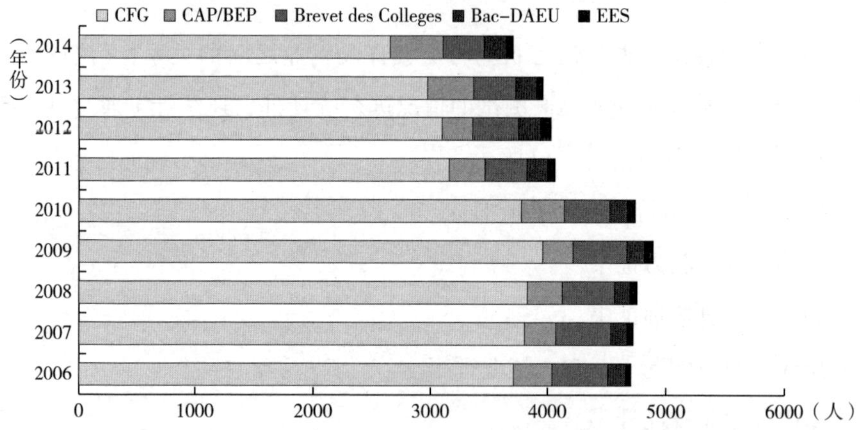

图 5－11　2006～2014 年监狱服刑人员各资质证书获取人数

语言资质证书的等级越低，说明该人员受教育的层次越低，能进入社会就业的机会就越小。从图 5－10 中可以看到，监狱服刑人员的语言和职业状况大部分停留在最低层次，即只接受过一般的培训，占比达到 70% 以上。仅有 10% 左右的人具有初中毕业文凭，其次是拥有职业技术学历者，再次是高中毕业者，接受高等教育者更是少之又少。语言能力和职业水平低下可以说是这些监狱服刑人员的共同特点。

从图 5-10 中还可以看到，通过扫盲政策的实施，只受过简单培训教育的人员在近十年间有下降趋势，下降了不到 10 个百分点，而职业技术学校的毕业者比例有微弱上升趋势，其他教育层级的比例状况基本没有太明显的变化。可以说，在监狱中采取的扫盲行动减少了受教育水平最低者的人数，为较多的人提供了职业技术学习机会，而其他的并没有显著的改善。

（二）针对社会成人移民的扫盲行动

对没有被教育系统覆盖的社会成人移民，法国政府采取了比较特别的扫盲方式。首先，把扫盲对象定位为移民孩子的父母，他们来法国后往往没有受过正规的学校教育，法语水平很低，只在移民社区交流，融入法国社会的能力很弱，他们被视为功能性文盲，而且因为他们的语言贫弱，所以不利于子女在家庭中使用法语。如果对这些移民孩子的父母进行有针对性的扫盲，既能减少功能性文盲，也能帮助他们尽快融入社会，最终还能改变新一代移民子女的语言环境，有一石三鸟的作用。

法国教育部和国家扫盲总署联合开展了“家庭教育行动”（AEF），对功能性文盲或者语言贫弱的移民父母进行扫盲。这项行动鼓励移民孩子的父母跟着孩子一起到学校上课，学习书写。从 2008 年起，教育部开展了“敞开校门迎接父母”（OEPRE）的行动，鼓励移民家庭的父母走入校园，使他们不但能提升法语能力，还能了解孩子的学校，为移民家庭的孩子在好的语言环境下完成学业创造了条件。2015 ~ 2016 年，法国有 27 个学院和 69 个部门提供了这项培训家长的服务，有 4605 名移民子女家长注册参加了这些语言培训。

从以上这两项政策措施可以看到，移民家庭中祖辈或父辈语言能力的低下是造成新一代移民语言能力低下的重要因素。法国的政策希望通过改变父母的语言意识、语言态度乃至语言能力，改变子女的语言水平。这项家庭语言行动，说明政府已经充分考虑到了家庭语言政策对移民语言的影响。

在尝试了家庭语言行动以后，2016 ~ 2017 年，教育部又投入了一个移民接待项目，鼓励一些社会合作机构和志愿者为移民的语言学习提供免费帮助。

法国不只面对移民的问题，每年还有 20 万来自欧盟其他国家的流动人口，其中 11 万人会定居下来，这些人的语言问题也是政府要着手解决的。政府对来自欧盟其他成员国的人口也积极提供多种语言教学，政府组织的语言学习机构收费很低廉，为了鼓励学习者坚持下去，这些语言学习机构还与语言学习者签订《共和国融入合同》（CIR），督促他们完成语言学时。此外，为了方便对移民的语言管理，政府为新到达法国的移民或移居人口绘制了一张语言培训图谱，上面记录了所参加的语言培训记录，并可以在法国任何地区的语言合作单位使用。最后，政府协同非政府机构通过帮助父母或者整个家庭进行语言学习来改善孩子的语言学习状况。

四　小结

从语言政策角度来分析，我们可以总结出如下几点。

其一，并非语言政策越严苛实施效果越好，在语言弱势群体的语言权利问题上，常常正好相反。在法国移民的语言问题上，尊重基本权利和解决实际生活中的语言问题的政策，收到的效果更好。此前法国采取的政策是在意识形态上高压融合，强制认同，反而导致移民的语言文化更趋于异质化，加深了社会矛盾。移民愿意融入法国社会的最主要动机是能改善自身的生存状况，社会就业是最好的解决手段，而教育和职业培训是解决就业问题的最有效保障。2007 ~ 2014 年的移民语言政策，从语言的社会功能着手，帮助移民通过解决语言障碍，争取教育和就业机会，从而让移民对合法语言自愿认同，建立与合法语言的同谋关系，完成语言选择的过程，这是符合布迪厄的符号权力机制的。

其二，语言政策的制定和实施时刻受到社会政治环境的影响，并与其他政策相配合。从上述分析我们看到，2004 ~ 2017 年的移民语言政策有三个阶段的变化，引起语言政策变化的主要原因是：移民引发的社会暴力事件和执政党的移民政策。国家移民政策时而宽松，时而收紧，导致语言政策采取不同的实施方式。

其三，法国政府在移民语言问题上采取一元论意识形态。尽管世界逐渐呈现多语主义的格局，法国也在语言政策上逐步进行多语主义转向，但在移民语言问题上，法国政府的语言意识形态还是单边主义的。它强调，移民法语能力的高低决定了他们融入社会成功与否，学好法语、积极融入、接纳法国方式是移民树立法兰西认同的唯一方式。正是这种单边主义的语言态度，才造成了法国的移民问题一直处于很紧张的状态。法国政府与移民之间也产生了很深的隔阂，比如，随着移民数量的不断增加，政府觉得移民的语言能力低下，影响了国家整体人口的语言素质，扫除文盲计划也直接锁定移民人群，功能性文盲这个概念是为移民量身定做的，甚至觉得犯罪与移民语言能力之间存在联系，所以寄希望于帮助监狱服刑人员提高语言能力以减少社会犯罪。而移民觉得受教育和就业的权利对他们而言是不均等的，社会充满了歧视。

所以从《法语使用报告》的数据，我们可以看到，移民语言问题并没有很大的改观，很多数据基本在历时上没有太大的改变。而以解决语言问题来解决社会问题的理想更是成为泡影，移民矛盾并没有因为各项语言学习计划的实施得到缓解，反而在 2014 年以后又有回升。这一点从 2015 年以后法国恐怖袭击事件发生频次增加，右翼政党势力不断增强中可见一斑。

其四，移民语言政策的新力量是家庭语言政策。我们看到法国政府在实施扫盲政策时，利用了家庭语言政策的力量。最近几年，不断有项目针对移民家庭和移民父母开展语言培训，从家庭微观层面深入，缩小代际间法语水平差距，营造家庭法语环境，为新一代移民减少文化间的隔离感，改变新一代移民的语言态度和语言选择。以家庭为单位，共同学习法语，共同认同法语，共同融入社会，也许这是一个有效的解决移民语言认同问题的方法。

第三节 区域语言政策与多语资源观

一 从多元到单一再到多元的流变

法国的语言在历史上也是有过多元主义时期的，并非一直是我们所看到的法语一家独大的状况，可以说，法语一家独大的状况在历史长河中只是短暂的一个时期。就像斯博斯基认为的，法国仍然是一个事实上的多语国家。

法国大革命前的18世纪90年代，法国境内70%～80%的人不会讲法语。当时的政府着力翻译，希望把政令翻译成30多个不同地区的语言，然而，因为没有标准体，连翻译也是无法实现的。大革命时期，雅格宾俱乐部为了宣传革命的思想，在大革命后开始寻求多元化的语言格局。

1794年，《消灭方言的必要性及手段与普及和使用法语报告》指出，多元化格局很快被中央集权的议会多数派反对，他们强调法语的规范性和统一性，于是法语在大革命时期被写入了法典。

20世纪50年代，随着世界各地民族主义浪潮的兴起，要求语言权利的呼声渐渐高涨，法国呼吁保护和教授区域语言的愿望也越来越强烈。在这种情况下，1951年《戴克索纳法》出台，主要规定了保证方言和少数民族语言教授的时间。1983年“地区文化与语言国家委员会”成立，政府进一步调整方言教学政策。

20世纪90年代，第92－234号法令和第95－086号法令颁布，它们涵盖了地方语言教学及少数民族语言教学，旨在树立多元文化意识。

1992～2001年，随着欧盟的成立，在以《欧洲区域或少数民族语言宪章》为代表的欧洲多元化语言文化的观念影响下，法国提出“多元中的统一”概念，在曲折、不稳定中推广多元化逐渐成为法国语言政策的一部分。1999年5月7日，法国政府仅选择了该宪章中的39个条款，在布达佩斯的签字仪式上予以认可。

据统计，法国共有75种方言或少数民族语言分布在本土和海外省及属地上，其中有24种在法国本土（戴曼纯、刘润清等，2012）。过去近十年，国内学者对法国的区域语言政策进行研究后一致的态度是：打压区域语言，独尊法语。尽管1951年《戴克索纳法》的颁布，结束了长期以来地方语言在法国没有地位的现象（戴曼纯、刘润清等，2012），然而，该法案仅赋予中小学教师每周教授1学时地方选修课的权力，连法国教育部1976年都承认《戴克索纳法》十多年来形同虚设。然而，随着世界政治经济格局的变迁，法国区域语言政策的变迁如何？我们从 2004 ~ 2017 年的《法语使用报告》中来看看其最新的进展。

从这些年的报告中，我们看到进入 21 世纪以后，法国区域语言政策的总体发展趋势可以分为三个阶段。

第一个阶段是 2004 ~ 2007 年，政府报告简单地称为“法国的语言”，这一部分的内容比较简单，政策也比较单一。

第二个阶段是 2008 ~ 2013 年，在这个阶段，政府报告开始把这一部分称为“促进语言多样化”，强调丰富语言教学手段的种类。

第三个阶段是 2014 ~ 2017 年，在这个新时期，政府报告开始提出“践行语言多元化和多语主义”，开始强调由区域语言教学、外语学习带来的多元化语言环境，反映了政府在语言意识形态上开始推行多语主义的语言观，在行动上也配合了相应的多元化语言政策。

国家对区域语言看法的改变是很重要的风向标，下面我们从具体的政策措施来分析区域语言政策流变。

二　从单语主义向多语主义的转变

从政府报告来看，我们不得不说 2008 年是法国区域语言政策的历史转折点。政府报告中提到：“2008 年，法国的地区语言问题第一次被推到了公众舆论的中心位置，这标志着多语主义在法国撩动了最敏感的神经，人们再也不能忽视这个语言维度去思考问题。”（RPELF，2008：78）

这一年，法国文化部部长提出了把区域语言纳入法国国家文化遗产的议案，并将议案提交国民议会和参议院审议，这一举动一半是迫于欧洲一体化的压力，一半是出于法国国内语言意识形态的多语主义转向。区域语言被写入宪法的提案在法国一石激起千层浪，大众又陷入了大讨论之中。

产生这样的反响，是预料之中的，法国过去单语主义的意识形态根深蒂固，社会语言秩序也拥有了很广泛的基础，过去对区域语言的打压之严苛也让新时期多语主义的提出颇受质疑，而这一逐渐接受的历程一走就是三年。

三年之后的2011年，法国终于把对区域语言地位的认定写进了宪法。宪法第75-1条规定："法国所有区域的语言都是法国宝贵遗产的一部分。"这意味着说方言、区域语言和少数民族语言，不但是一种权利和自由，更有了宪法的保障。但是请注意，区域语言只是"遗产"，在语言功能上的作用仍然是没有法律地位的。

法国政府强调，法国的地方或区域语言称为"法国境内的语言"，包括历史上曾经使用过和目前正在使用的语言，也包括在法国境内使用的少数民族语言，同时，把法国手语（LSF）也纳入了这个体系之中。这些语言都是法国文化遗产的一部分。

从法国政府对区域语言的称谓上，我们比较一下法语与区域语言的关系。在法国人看来，法语不仅是国家官方语言，还是一种世界性的语言，超越了国家的概念，这与法语的现实状况和法国政府对法语功能的期待和塑造是一致的。区域语言则是从属于法国这个地理概念的，这有利于这些语言被认定为法国自身的文化遗产和国家语言资源，与其他国家也有的少数民族语言不是一回事。比如法国的加泰罗尼亚语、巴斯克语，在欧洲的其他国家也有地区使用。这样的提法一方面可以避免种族的概念，另一方面也可以强调这些语言的资源价值。

三　多语主义语言观下区域语言政策的变化

本研究认为，新时期法国对区域语言管理的最终目标，是在全球化背景下在法国建立多元的语言文化环境，把区域语言打造成语言资源。下面我们来分析一下多语主义语言观指导下的区域语言政策有哪些变化。

首先，2013年之后法国文化部在语言多元化领域制定了一系列相应的政策。比如，2014年1月27日颁布的《公共政策与城市现代化》（MAPAM）法案中的第一条，就提出了对区域建设的建议，即："使地区要具备一定的能力去发展当地的经济、社会、公共卫生、文化和科技，并治理好区域领土，从而保障地区身份的保持和区域语言的发展。"（RPELF，2014：91）

其次，另一个值得一提的重要变化是，2014 年 1 月 28 日，法国国民议会采纳了宪法授权批准《欧洲区域或少数民族语言宪章》的建议。众所周知，该宪章保障了欧洲地区和少数民族语言团体的集体权利，要求各国宪法使用相应的语言翻译宪章的内容，保障所有欧盟公民无血统、种族、地区差异的平等权利。

但该宪章从 1999 年法国签署至今，在国内的立法层面一直没有相应的法律保障。原因是该条款所反映的一般原则，一直被认为与法国宪法第二条的内容相违背，法国宪法第二条规定："法国公民要使用法语享受公共或私有权利，并使用法语履行公共服务的义务。"

2014 年，法国国民议会提出通过修宪承认《欧洲区域或少数民族语言宪章》中关于赋予区域及少数民族语言相关权利的提案，并将该提案提交参议院审议。这一行为正是法国区域语言政策进一步宽松的表现。国民议会在提案中指出，"在宪法第 53－2 条之后可以插入 53－3 条，对《欧洲区域或少数民族语言宪章》的内容进行解释性陈述"，并在提案中论证了法国的宪法并没有与该宪章的部分条款相违背。但截至 2018 年最新一期《法语使用报告》出版，该法案仍未被参议院提上议事日程。尽管法国的区域语言政策日渐宽松，但区域语言在宪法层面争取相应的权利保障还任重道远。

最后，区域语言政策主要从改进教学方法、促进文化教育、提高媒体语言占有率以及发展翻译四个方面进行，但这四个方面的政策并不是一次形成的，而是在十多年的多语主义转向中逐步推进的。

（一）区域语言的教学

法国有 75 种区域语言，法国本土的区域语言有 20 多种，进入学校教学的有 10～15 种。区域语言教学呈现了语种数略有增加，初级学习人数逐渐上升，但深入持续学习的人数不升反降的特点。

法国区域语言的学习一般分为四种形式，以巴斯克语为例：第一种形式是一般性的语言学习，一般一周 3 个学时；第二种形式是双语教学，在初级阶段时，课堂一半使用巴斯克语教学，一半使用法语教学，到了较高阶段全部使用巴斯克语教学，或者使用巴斯克语来学习其中的一两门课程；第三种形式是沉浸式教学，这种沉浸式教学叫 Seaska①，小学一年级以前均使用巴斯克语，直到法语的水平达到一年级水平，到了初中阶段使用巴斯克语学习大多数课程，包括学习法语；第四种形式是选修学习，选修巴斯克语作为第二门、第三门外语或区域语言。

据 2015 年《法语使用报告》的官方统计，在高中阶段可以选择学习的外语有 18 种，区域语言有 13 种。但是，实际教学的情况是，随着学习年级的不断升高，语种数量不断减少，教学方式逐渐放弃沉浸式和双语式。使用沉浸式教学的区域和学校非常少，高中阶段语种的数量也只有少数几种可选。

我们选取 2005～2006 年度和 2009～2010 年度两个时期的六种主要区域语言教学情况进行了比较。主要从教学方法的选取、年级的高低、学习人数的变化来考察。反映的区域语言包括巴斯克语、布列塔尼语、加泰罗尼亚语、科西嘉语、奥克语和阿尔萨斯语。

首先从参加学习的人数上来说，双语教学有了较大的发展，无论是初中还是高中，学习人数都有了较大的增长。初中生的增长率比高中生的更大，但绝对规模只有数千人。对于沉浸式双语教学来说，不管是初中还是高中几乎都没有增长，高中的语种数量更是减少到了两种，人数都只在百十人的规模。由此本研究认为，区域语言教学，虽然表面上比以前繁荣了，但仍然停留在语言学习的浅层。从语言学习的规律来讲，沉浸式教学是最深入的，高年级的学习也更利于语言的保持，然而沉浸式教学在进一步萎缩，进入高年级的区域语言也在减少。在这种态势下，区域语言不要说与法语形成竞争关系，就连欧洲其他传统的外语都不如。

这里值得注意的一点是，在法国，外语和区域语言的学习是被放在一起竞争、考量的。也就是说，区域语言的竞争对手是被政府同样列入高考

---

① 在法国的区域语言教学中，有一种沉浸式教学区域语言的学校，这种学校在不同的语言区域有不同的名字，比如，巴斯克语地区使用沉浸式教学的学校叫 Seaska，布列塔尼语地区的叫 Diwan，奥克语地区的称为 Calandretas，加泰罗尼亚语地区的称为 Bressolas 等。

的 18 种外语。外语和区域语言一同被政府定位为，满足学生与区域内母语非法语人士的交流，为了配合相应的经济文化政策，在法语的框架内向母语非法语人士传播法国语言文化的语言。政府为了鼓励教授和学习这些外语和区域语言，把它们列入了高考选考范围。然而，2014 年的数据显示，高中阶段有 98.9% 的学生选择学习英语，47.3% 的学生选择学习西班牙语，15.3% 的学生选择学习德语，4.3% 的学生选择学习意大利语，选择其他外语和区域语言的学生均不到 1%，按照人数的多少依次是汉语、葡萄牙语、俄语、阿拉伯语、希伯来语、日语和荷兰语。在这里，我们几乎看不到区域语言的影子，不用靠政府来规定法语与区域语言的关系，只靠传统强势外语就可以把区域语言驱赶到最边缘。

区域语言已经在法语标准语和强势外语的双重挤压下渐渐失去了语言功能层面的价值，而在国家民族的意识形态层面，也只被赋予了“国家遗产”的身份。它已经不再是过去那种意义上的区域语言了，现在法国语言的多元化也不再是法国大革命前那种意义上的语言多元化了。现在法国政府致力于把区域语言打造成国家丰富语言资源的主体，作为多语资源观的一种体现，更多的是文化象征层面的语言多元化，代表的是一种语言态度和价值观，而真正语言生态层面的多语是极其有限的，有些甚至到了需要保护的地步。

（二）提高媒体节目播放率

除了语言教学，法国政府还通过提高区域语言的媒体节目播放率来改善区域语言的状况。

法国电视三台是主要播放区域语言节目的媒体，各区域语言作为地方的显著元素被有计划地在这里播放。2016 年，法国电视三台共播放了 386 个小时的区域语言节目，其中包括 8 个区域的地方语言（阿尔萨斯、阿基坦、布列塔尼、科西嘉、蓝色海岸、格朗多克 - 鲁西永、南部 - 比利牛斯、普罗旺斯阿尔卑斯山），另外还有增加的 3 小时阿尔萨斯语 - 法语双语节目、约 27 小时法语 - 科西嘉语双语节目和约 1280 小时在 Via Stella 频道播放的科西嘉语节目。

图 5 - 12 是主要的七种区域语言 2010 ~ 2016 年在法国电视三台的播放时长情况。在媒体播出时间占比方面，我们从这张柱状图上可以看到各地方语种 2010 ~ 2016 年在法国电视三台播出时间上的趋势。可以说，媒体播放时间的变化，直接反映了该种区域语言与法语之间权力关系的变化。

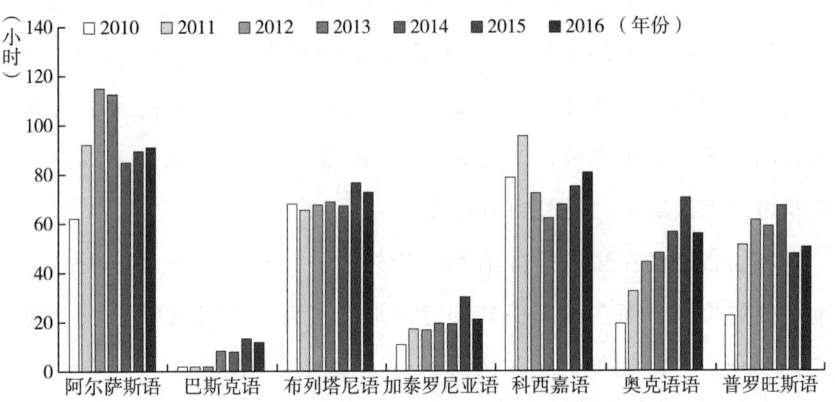

图 5 - 12　七种区域语言在法国电视三台的播出时间历时变化（2010 ~ 2016）

总体来说，各区域语言在 2010 年都是播出时间的历史最低点，此后都有不同程度的增长（除了科西嘉语和布列塔尼语以外），这基本与区域语言政策逐渐宽松的总趋势是一致的。但是，我们也可以看到，2016 年并不是各区域语言播出时间的历史最高点，而是先在 2011 年以后有比较大的增长，之后又有回落的趋势。我们可以看到阿尔萨斯语、科西嘉语和布列塔尼语是在法国电视三台平均播出时间最长的三个语种，这不仅反映了这些语言所属地区的人口、经济、文化的比重，也反映了这些地区历史上民族语言问题的棘手程度。播出时间比较短的语种是巴斯克语和加泰罗尼亚语。这也基本符合这两个语种在法国的历史地位及其与法语的权力关系，即符号权力越大的，获得的播出时间就越长，而符号权力的大小，是与其背后的各种资本的多少密切相关的。

从科西嘉语的变化趋势可以看出，它与其他语言有不太一致的地方。事实上，科西嘉岛确实是法国民族自治情绪最为强烈的地区之一。科西嘉岛位于法国东南部的地中海上，是法国最大的岛屿，其语言、风俗和法国本土具有差异。历史上，寻求实现科西嘉岛独立的分离主义者一度较为活跃。2003 年法国政府曾组织了科西嘉岛的全民自治公投，最后以 51% 反对、49% 赞成而仍属于法国领土的一部分。如今，独立倾向已较微弱，但强化自治的倾向近年又开始抬头。据法国《巴黎人报》报道，科西嘉地方议会 2014 年通过了一项提案，该提案规定只有在科西嘉岛居住 5 年以上，才能在当地购买住宅，被坊间认为是变相承认“科西嘉居民权”，该权利一直被法国政府认为有可能违反宪法而极力反对。2016 年当地议员又向到访的马克龙总统提出要将科西嘉语列为法国的官方语言，但遭到了总统的拒绝。科西嘉岛的民族主义者在 2017 年地方议会选举中大胜，又助长了科西嘉岛强化自治的情绪。从这些历史事件中我们可以看到政府对科西嘉语的语言政策也有了相应的变化。比如，从 2003 年的官方统计我们可以知道，当年法国电视三台的科西嘉语节目播出量是 110 小时，比第二高（播出量 74 小时）的阿尔萨斯语多出约 40 小时，比近十年来任何时候的播出量都要多。在 2013 ~2014 年，科西嘉语的播出量降到了历史最低。我们发现这两个时间节点与刚才提到的历史事件的时间几乎是一致的，在 2003 年公投过后，语言节目播出量大大增加，一副相处得很和谐的世相；在“科西嘉居民权”提案提出前后，语言节目播出量大大减少，几近降到最低点，而此后播出量又逐年上升，由此可以看出，政府对科西嘉岛政治态度上的变化。语言节目播出量的多少是一种表现政策向背的手段，同时也体现了该种区域语言与法语的权力关系。媒体节目播出总量最多的阿尔萨斯语和播出总量最少的巴斯克语的播出时长，也与其语言实践密切相关，后文中将在讲述具体区域语言的实践时再进一步介绍。

（三）数字化媒介与区域语言的传播

从语言的数字化和信息化程度可以看出法国区域语言的发展现状。2014 年，法国维基媒体协会针对法国区域语言的数字化信息化实施了 6 个维基项目，包括创建各区域语种的维基词典、维基百科、维基文库、维基语录、维基教科书和维基新闻，每一个项目至少涵盖了一种法国区域语言。当年维基媒体新增的近300个多语网页中，法国区域语言占了12个，而2014年所有法国境内区域语言的网页总数量超过了100万个，其中有一半的文章是用法语书写的。可见区域语言的数字化信息化给法语带来了利好，如果区域语言是一种文化资源，那么法语就可以以传播媒介语的身份获得语言红利。

最后来看一张全球互联网网页语言占比的柱状图（见图5-13）。图5-13记录了从2011年至2017年全球互联网网页的语言占比情况。法国政府在2014年以后，非常关注各种语言（包括区域语言）在互联网网页中的占比情况，其提出的主张是，在建立语言文化的多样化过程中，网络空间是核心战场。要保护语言，首先要使其尽快信息化。所以法国政府积极促使区域语言建立自己的互联网网页，为增进世界网络的语言多样化做贡献。在图5-13中，我们看到英语的互联网网页占比虽然是最大的，但是其发展趋势是下降，而“其他语言”的网页在逐年增长，这正是促使英文网页占比不断减少的主要力量。在法国政府看来，这便是积极在全球范围内推进语言文化多样化所取得的成果之一。

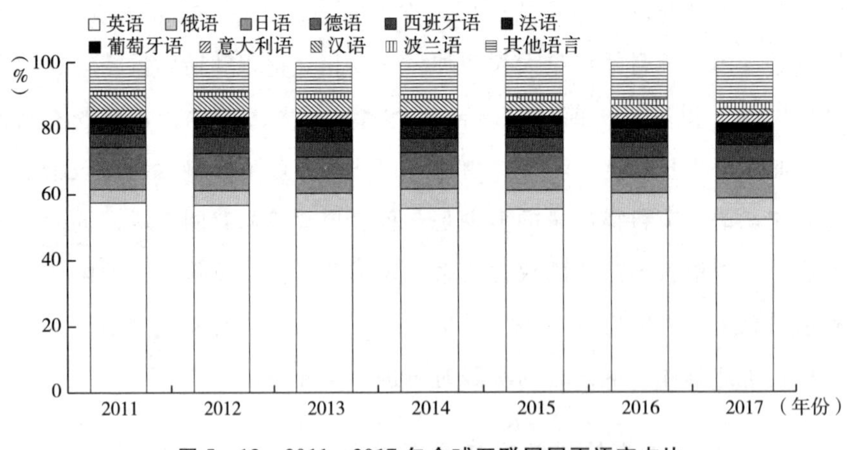

图5-13　2011~2017年全球互联网网页语言占比

（四）加强区域语言、少数民族语言的翻译

翻译一直被当成法语彰显与其他语言关系的一种非常微妙的手段。而

且法语致力于成为全球各种语言之间的翻译中介语。这其中的语言红利是非常巨大的。区域语言和少数民族语言作为资源与外界进行交流时，法语的重要作用不言自明。所以法国政府积极鼓励把区域语言和少数民族语言的艺术作品、文学作品、戏剧作品都以法语为中介语进行外译或内译。

四 区域语言实践：以布列塔尼语、阿尔萨斯语和巴斯克语为例

从 2005 年起，法国政府实施了“每年报告一种区域语言”的计划，拟每年针对一种区域语言，调查和统计其发展状况。比如 2005 年是巴斯克语，2007 年是阿尔萨斯语，2008 年是布列塔尼语。

（一）布列塔尼语

在法国众多的区域语言中，有些语言的发展是值得关注的，比如布列塔尼语。1999 年的调查显示，有 270000 人使用布列塔尼语，但大多是居住在菲尼斯泰尔省（法）50 岁以上的农业人口，城市工人只占 10%，知识分子和其他自由职业者占 7.6%。在语言实践方面，年轻人只在家庭里或非正式交际场合使用布列塔尼语，在布列塔尼地区，布列塔尼语的使用频率排在法语之后，但排在英语之前。进入 20 世纪，布列塔尼语是法国衰退最严重的区域语言，面临严重老龄化的问题，说布列塔尼语的人口中有四分之三超过 50 岁，有二分之一的使用者超过 65 岁，只有不到十分之一的使用者低于 30 岁。

更为严重的是，家庭的代际传承已经不再是布列塔尼语传承的主要方式，为了阻止语言转用，政府和民间组织积极行动起来，希望能复兴家庭传承，延续布列塔尼语。事实上，布列塔尼人对布列塔尼语的认同度很高，有一项官方的调查显示，92% 的布列塔尼人希望保留布列塔尼语，82% 的人希望布列塔尼语能复兴成为该地区的通用语言，对于当地人来说，布列塔尼语是象征地区身份的基本元素。21 世纪以后，法国政府开始支持对布列塔尼语的保护和传承工作，每年的财政预算都在增加，还实施了一系列的语言政策来促进语言保护。比如，设立了区域语言保护机构，促进布列塔

尼语在公共生活领域中的运用，帮助当地人提高专业技术能力，组织各种语言活动等。目前，布列塔尼语的传承主要依靠学校教育。2005 年 3 月，Fillon 法提出了“未来学校计划”，根据区域语言的使用状况，在教育体系内分阶段实施区域语言和文化教学。

早在 1977 年，布列塔尼就开设了第一个沉浸式双语教学班 Diwan，但这种教学模式后来一度被中止。目前 Diwan 还是布列塔尼语沉浸式双语教学的主要形式，培养了 20.2% 的母语为布列塔尼语的孩子，这种学校排在普通小学和优先中学之后，是第三选择。另外两种主要的教学形式属于双语计时教学，包括针对学生家长的公共语言教学和私人宗教性质的教学。

在教学师资上，政府在 2002 年为布列塔尼语设立了教师培养计划，在布列塔尼西方大学也设置了布列塔尼语本科专业，培养专业教师。下面我们来看看布列塔尼语在该地区各公共领域中的实践情况。

（1）在健康领域，医院的签字栏都使用双语；老年公寓加入了“记忆的募捐者和摆渡人”计划，用于帮助记录和保护布列塔尼语的口语资料。

（2）在劳动力市场上，每年有大约 900 个布列塔尼语职位，其中四分之三的职位与语言教学相关。

（3）在企业服务方面，银行、电信、交通等部门都有布列塔尼语服务，部分银行还设有双语柜台，在一些大的言语社区，娱乐设施也都标注了布列塔尼语。

（4）在文化媒体领域，使用布列塔尼语的创作很踊跃，但仍然呈碎片化状态，传统的布列塔尼戏剧、木偶剧、话剧被搬上舞台，并举办图书节和沙龙，为青少年提供布列塔尼语读物。此外，还制作了布列塔尼语的电影和电视剧产品，媒体的布列塔尼语节目在播出时间上也有了很大的变化，法国电视三台，在 2006 ~ 2007 年度，每周播出布列塔尼语节目 1 小时 40 分钟，占所有区域语言节目的 15%。而在电台节目中，2005 ~ 2006 年度全部使用布列塔尼语的节目占 6%，部分使用该语言播出的节目占 46%，这些节目 90% 是地方政府或电台资助的。最后，在新技术媒介方面，2014 年，在维基媒体中，布列塔尼语的网页总数超过了 87000 个。

（二）阿尔萨斯语

从媒体的语言播放量上来看，阿尔萨斯地区语言的总量是所有区域语言中占比最大的，这与阿尔萨斯历史上的德法双语实践不无关系。

阿尔萨斯位于法国东北部地区，与德国隔莱茵河相望。17 世纪以前，此地一直是德意志诸邦的一部分，直到 1648 年，根据《威斯特伐利亚合约》才成为法国非正式保护国。在路易十四时期，法国占领了斯特拉斯堡，这才确立了对此地区的正式统治，但阿尔萨斯依旧获得了自治的地位。1870 ~ 1871 年发生了著名的普法战争，法国战败后阿尔萨斯被划归德国，第一次世界大战后的 1918 年，又划归法国。阿尔萨斯人一直讲一种称为阿尔萨斯语的德语方言，从古至今当地学校一直没有停止用德语教学，德语是当地 75% 的居民使用的书面语。

2007 年法国政府对阿尔萨斯语的使用调查，反映的是该语言 2000 ~ 2006 年的情况。在国家提出的“通过学习阿尔萨斯方言或德语加强学生语言能力以应对多语主义”政策下，阿尔萨斯地区的方言如瑞士德语和法兰克语都得到了发展，这标志着德语在法国区域语言中渐渐有了地位。国家财政投入了约 15000000 欧元来保护和发展区域语言。

在公立初中，学生一般选择德语为第一语言，这一比例在 2002 年和 2005 年分别是 56% 和 58%，选择英语的比例也有所上升，从 67% 上升到了 71%。同时，选择德语为第二语言的人数也在上升。但是与此相反，在私立初中，德语有下降趋势（从 64% 下降到了 61%），而英语有上升趋势（从 67% 上升到了 75%）。这充分展现了全球化背景下，语言格局变化产生的影响。

在高中阶段，选择德语为第一语言的学生人数一直在下降，从 2002 年的 35.7% 下降到了 2005 年的 31%。

小学阶段的德语教学。采取平分式的双语教学，即一半时间使用法语，一半时间使用德语，使用德语教授非语言学科。另外还有德语的延伸学习，是针对所有小学生的，一般每周 3 个小时。

初中阶段的德语教学，一种是继续使用平分式双语教学，使用德语学习非语言学科，至少包括数学和历史、地理。另一种是在初一的时候，引入两种语言课程，即使用德语来学习初级的英语。此外，初三的时候还有针对欧盟语言计划（SE）开设的语言课程，共有 11 种欧洲语言在教学框架体系内。

在高中或职业学校阶段，继续实施欧盟语言计划项目，使用德语或者英语来学习欧洲的其他语言。

此外，在初中以后，学校会开设区域语言文化选修课，每周一个小时。高中阶段有语言口试选修课，为高考的口语考试做准备。

1982 年，法国曾经有一个培训项目，是斯特拉斯堡大学为了丰富阿尔萨斯地区的语言和文化开办的，面向所有学生开放，不管有没有方言口音，或者德语口音，只要对阿尔萨斯文化感兴趣，就可以来参加这个培训，同时它也可以作为学生的选修课程。当时有很多的学生选择参加这个项目（2002 年高中有 4052 人参加，2006 年有 4982 人参加）。

由于阿尔萨斯地区与德语的关系，政府也采取了加强了解德语的政策，包括小班德语教学、父母德语培训等。但值得注意的是，阿尔萨斯语没有像巴斯克语和布列塔尼语一样实行沉浸式教学。

（三）巴斯克语

巴斯克地区位于比利牛斯山脉西部、比斯开湾沿岸，地跨西班牙和法国，该地区包括西班牙的巴斯克自治区（Autonomous Communities of the Basque Country）、纳瓦拉自治区（Navarra）和法国的北巴斯克地区（Northern Basque Country）。该地区的第一大通用语巴斯克语（Euskadi）因为其特殊的历史地位和地理位置，成为全世界最孤立的语言之一。在总人口约 265 万的巴斯克族人中约有 103 万人会使用巴斯克语。把巴斯克语当作母语的人约有 71 万。这 71 万人中包括了在西班牙的约 66 万人和在法国的约 5 万人。巴斯克语是西班牙巴斯克自治区和纳瓦拉自治区的官方语言，而在法国，巴斯克语没有任何官方地位。尽管巴斯克语地区和印欧语系地区一衣带水，但是其与西班牙语和法语乃至整个印欧语系，都没有任何关系。巴斯克语是印欧语系势力到达西欧以前的西欧语言中唯一幸存的。有确凿的证据显示现在的巴斯克语是由阿基坦语衍化而来的，而阿基坦语是在比利牛斯地区使用的古语。

法国政府在 2004 ~2005 年对巴斯克语的使用情况进行了调查，报告包括以下几个方面的内容。

开展巴斯克语教学的机构种类包括小学、初中、高中，既有公立学校，也包括私立学校、教会学校等。在教学的形式上分为以下几种：学前教育，每周 1 ~3 个小时的语言学习；双语教学，包括法语和巴斯克语的平分式双语教学，也包括高年级开设的使用巴斯克语学习非语言学科的双语教学形式；沉浸式教学，指使用巴斯克语进行学前教育直至小学一年级，使用巴斯克语学习大多数课程；选修课程，在中学阶段，学校开设以巴斯克语为第一外语、第二外语或区域语言的选修课。根据 2005 年的统计，2004 ~2005 年度，开设巴斯克语的学校达到了 138 所，占该地区全部学校的 58%。私立学校中，有 63% 的学校进行了巴斯克语教学。主要的教学形式是沉浸式教学与学时教学。从效果来讲，在大约 47545 名在校学生中，只有 2732 人选择在学前教育和选修课中学习巴斯克语，5525 人选择使用双语教学方式学习巴斯克语，选择沉浸式教学的有 2040 人。但在校学生中有 37248 人没有选择学习巴斯克语，占比为 78.4%。各个阶段的学生学习巴斯克语的占比分别为：幼儿园阶段约有三分之一的孩子学习巴斯克语，小学阶段约有四分之一，初中阶段这一比例约为五分之一，而到了高中阶段，选择学习巴斯克语的学生只有近十分之一。在语言教学形式上，小学阶段选择沉浸式教学的比例约为 6%，到了初中阶段下降为 3.7%，高中阶段这一比例就更低了。

以上，我们考察了这三种语言在使用和教学中的情况。但是一种语言的广泛使用还需要相关的制度建构，比如设立语言等级水平考试和职业准入机制。这三种语言都设立了单独的等级水平考试和相应的教育资格证明，每年还提供相应的语言或社会实习，或者说，它们是有就业机会的语言。因为建立了比较完善统一的语言市场，所以学习这三种语言的人数有一定的增长。此前，我们还了解到，政府积极促使这三种语言在维基网上建立了多语网页，并拥有了较大的访问量，这也是新时期制度建构的新形式。

五　地方行政区域的语言行为研究和调查

对于多语主义语言观下的区域语言，政府在采取保护和发展政策的同时，也没有忘记加强对这些地区语言状况的监测。政策表现是：法国文化与交流部对地方行政区域开启了语言监测研究项目。主要研究内容是：地方行政区域多语主义的方式与行为。

第一个阶段的调查研究已经于 2013 年告一段落，2014 年进入了第二个阶段的调查研究，该项目包含了对法国六类语言区域的调查，分别是：存在一种或多种区域语言的地区，布列塔尼大区；存在多种非领地语言或值得大众关注的移民语言的地区，罗勒 - 阿尔卑斯地区；存在跨境语言和文化的地区，洛林（与德国、比利时接壤）；海外省或属地中使用一种当地语言、混合语或法语 - 混合语双语的地区，瓜德罗普；海外省或属地中存在多种当地语言的地区，圭亚那；缺失一种绝对强势的地区语言、多种语言并存的地区，勃艮第地区。官方认为，这个专题项目的研究是为了对法国各个地方行政区域的语言与行为建立一个科学的分析索引，以便于描述这些地区的语言行为性质和使用范围，研究它们的使用对象和使用条件及采取的各种措施，并为研究语言性质与行为的相关性提供数据，为区域语言政策的制定提供支持。由此可见，国家对语言意识形态与区域行为的关系非常谨慎和重视，区域语言仍然在被密切地监测当中。这些也是语言政策制定的重要依据，一个语言政策是否能及时、准确、敏感地感知、反映、解决语言问题，有赖于科学的语言监测平台的建立。

六　小结

在语言政策角度，法国的区域语言政策给我们以下几点启示。

第一，区域语言政策的三段式发展体现了世界语言意识形态和格局的变化。二战前，法国对区域语言是严格限制的；1951 年后，在语言人权观的压力下，政府逐渐给予了区域和少数民族语言一些自由权力；进入 90 年代，在欧洲一体化的压力下，法国签署了《欧洲区域或少数民族语言宪章》，区域语言政策逐渐走向宽松；进入 2011 年，法国政府在欧洲一体化和全球化的压力下，进一步在立法层面给予区域及少数民族语言一些保障性的规定；2013 年以后，随着国家多语主义的语言观和语言资源观的出现，区域语言政策呈现了保护发展的态势。图 5－14 可以反映近 50 年来，法国区域语言政策的一个变化，同时也反映了全球政治经济格局和世界语言秩序对法国国内语言意识形态乃至社会语言秩序的压力。

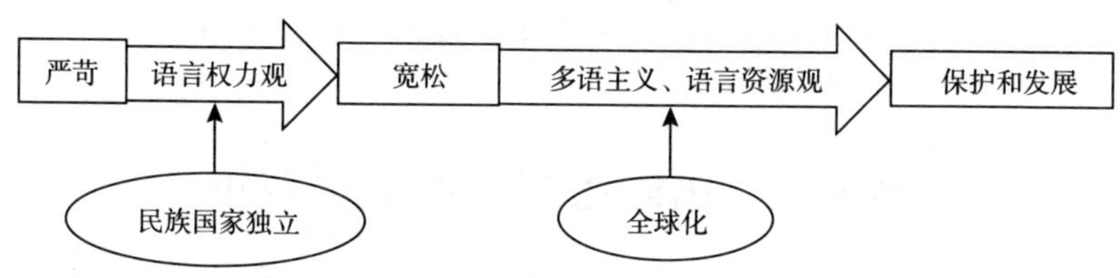

图 5－14　法国区域语言政策三段式发展情况

第二，多语主义催生区域语言资源化。政府的语言意识形态往往受到现实社会语言秩序的影响，同时新的语言意识形态也会建构新的语言秩序。周明朗 2009 年撰文讨论了新一波全球化浪潮下，知识、人才、信息、思想、价值观的自由流动给世界上的重要国家带来了多语的挑战。在应对全球化的过程中，产生了多语主义的语言意识形态，而这种意识形态是与过去的单语意识形态有区别的，多语主义是一种把多种语言看成社会和个人资源的语言意识形态，而在以往封闭的民族国家时期，只把单语奉为民族国家团结的保障，多语则被视为社会问题，是影响民族国家团结的语言因素。

法国在 2013 年以后，提出要进一步促进语言多元化，我们认为这是应对全球化的一种积极的语言态度。法国要在全球化中继续维持自己的独立与伟大，就必须接受多语的世界语言秩序，而如何在这场新的角逐中赢得更多的语言利益，那就需要进一步提升自身语言的价值。自身的语言是什么？还是法语吗？从法国宪法在2008年对区域语言的重新界定，我们已经看到，除了法语以外，法国境内的所有语言都是法国自身的语言资源，都是法国文化遗产的一部分。那么，发展和保护这些语言本身就是在提升法国的多语能力，增加世界语言秩序中法国语言的分量和所占领的领域。正如周明朗（2009）所提出的，多语秩序中语言等级不是任意划分的，而是由语言占有的资源和其使用领域的多寡来划分的。

过去，国内有些研究认为法国在语言政策上虽然实现了从单语主义到多语主义的转向，但在本质的意识形态上仍然是单语的，仍然是竭尽全力保护和捍卫法语的（李清清，2014）。本研究认为，法国的语言意识形态在逐渐多元化，但世界和法国的语言事实是严峻的、趋于单语的，这与多年以前正好相反，多样性的语言生态被视为一种语言稀缺资源。

第四节　国际组织中的法语政策

法国位于欧洲，作为欧洲一体化的主要倡导者，对欧洲的共同价值观有很高的认同度。立足欧洲放眼世界，重返大国地位，是法国所奉行的内政外交政策的主体。在语言政策方面，法国也是遵循这一原则的。

在欧洲，法国力挺欧盟一直推行的语言多样化政策，机构间的语言交流主要依赖翻译，法国政府对欧盟主要交际语言的态度是，绝不允许出现一种绝对占优势的语言，因为它认为这对于多边发展的法语世界是不利的。在这样一种指导思想之下，法国对欧洲的机构采取了一系列的语言政策：提倡在欧洲机构和成员国之间采取一种均衡的语言态度，包括对机构的公务人员和外交人员提供语言服务，提高他们的法语水平；强调在国外的法国机构必须监督法语在公共功能领域的使用；提高法语作为中介交际语的价值，法国政府提出法语要致力于帮助其他不能互通的语言完成必需的交际，这是法国必须承担的职责。下面我们来具体看一看法语在欧洲机构中的语言实践。

一　法语作为欧洲机构起草文件的语言

欧盟理事会 1958 年 4 月 15 日公布的第一号语言章程规定了欧盟的基本语言体制，并定义了欧盟的官方语言和各机构的工作语言。任何一个新的成员国都有权利要求将该国的官方语言列为欧盟的官方语言。因此到目前为止，欧盟同时使用 24 种官方语言，这意味着，欧盟的所有官方公报都必须使用 24 种语言发布，欧洲的任何成员国或者个人有权使用其中的任何一种语言向欧盟陈述，并获得相同语种的回复。在欧洲议会中，所有文件都必须翻译成 24 种官方语言，所有的议会代表都有权选择任何一种官方语言在议会中自我陈述。根据规定，法语是欧盟司法系统的审议语言，欧洲法院所有的审判和通告，以及法院的一审判决都要使用法语，然后再翻译成其他各种官方语言，任何一种语言的译本都具有平等的地位。此外，2005 年 7 月 13 日又增加了语言使用的附属条款，成员国宪法承认的区域和少数民族语言也能成为欧洲议会、欧盟委员会和区域委员会的官方语言，比如爱尔兰语、加泰罗尼亚语、巴斯克语和加利西亚语。

在这样一个以多语主义为主导的欧洲机构中，使用法语的机会是非常有限的，但欧洲机构用来起草文件的语言只有几种最常使用的语种，使用某种语言起草的文件越多，越能说明该种语言的实际地位。但是，相比于欧盟的其他两个机构——欧盟理事会和欧盟委员会，法语在欧洲议会[①]中的使用更占优势。图 5 - 15 是 2007 ~ 2016 年欧洲议会使用各种语言起草文件的占比。

从图 5 - 15 中可以看到，2007 ~ 2016 年法语、英语、德语、意大利语、西班牙语及其他语种在欧洲议会起草文件时使用比例的变化。英语是欧洲议会用于起草文件的主要语言，占了半壁江山，英语的比例虽然其间有过下降，但十年间仍上升了近 20 个百分点，在 2016 年达到了 68.8%。法语

---

① 欧洲议会是欧盟三大机构（欧盟理事会、欧盟委员会、欧洲议会）之一，是欧盟的立法、监督和咨询机构，总部设在法国城市斯特拉斯堡。欧洲议会目前有 785 个议席，根据人口比例分配给不同国家不同的议席，是欧盟组织中唯一的直选机构。

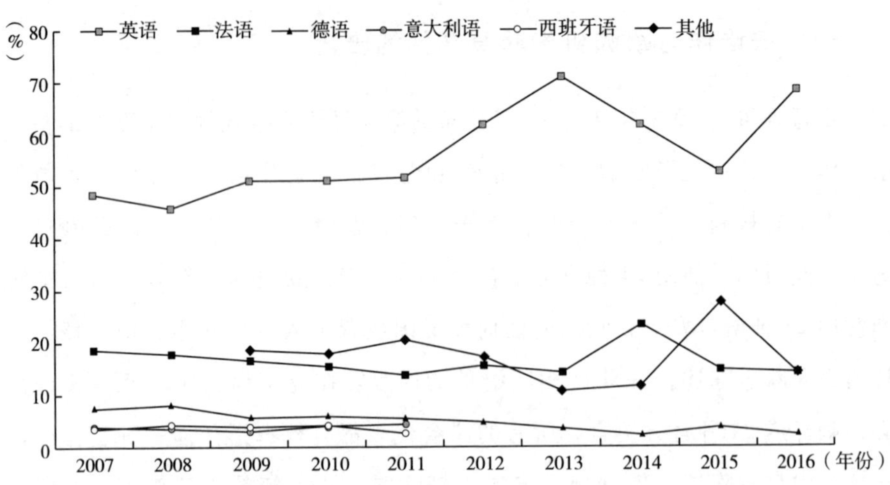

图 5－15　2007～2016 年欧洲议会使用各种语言起草文件的占比

资料来源：2007～2017 年《法语使用报告》。

在欧洲议会文件起草用语中的占比一直稳居第二，虽然在2007～2011 年持续下降，但在 2013～2014 年出现了比较大的提升，而在这期间，英语的比例下降较多，这个下降应该与法语比例的上升以及这一年其他语种占比的上升有关。根据前面的分析，法国真正推行多语主义的语言政策是在 2011 年以后，法国总体语言政策的多语主义转向，使其在欧洲机构的语言实践也发生了相应的变化，不断上升的其他语种的占比可以说是法国在欧盟积极推行多语主义的结果。在 2016 年，代表多语主义的用其他语种起草的文件的占比达到了 14.39%，比 2009 年有了较大的提升。值得注意的是，2009 年之前，欧盟议会内没有使用其他语种起草文件的记录。

我们再来看看法语在欧盟委员会①和欧盟理事会②中的使用情况。

① 欧盟委员会是欧盟的常设执行机构，也是欧盟唯一有权起草法令的机构。目前设有 28 个委员（每个成员国设一名委员），其中一名担任欧盟委员会主席，领导整个委员会，两名副主席，非主席的委员也根据其职责领域被称为欧盟某某领域事务专员。

② 欧盟理事会是一个由来自欧盟各成员国的政府部长所组成的理事会，是欧盟的主要决策机构之一。每一个国家在理事会中都有一名代表，在2004 年《罗马条约》签署之后，他们通常也称为“部长理事”，目的是把他们和欧洲理事会的理事，即国家元首或政府首脑区分开来。理事会有一名主席和一名秘书长，实行轮换制，由各成员国代表轮流出任，每六个月轮换一次。

图5-16是欧盟委员会1996~2016年使用不同语言起草文件的占比柱状图。从这张图中，我们清楚地看到，法语在20世纪末还与英语在使用上平分秋色，进入21世纪，法语开始不断被英语挤占空间。从前面的研究我们可以知道，1996~2008年正是法国在国内国际不断呼吁“保卫法语”的时期，而背景正是法语作为国际组织主要工作语言的空间逐渐被英语挤占。欧盟委员会使用法语起草的文件从1997年的40%（历史最高值）下降到2016年的3.7%，与此同时，使用英语起草的文件从45%上升到了82.5%，其间法语在欧盟委员会的衰退正好反映了法语从欧洲通用语到普通强势成员国语言的转变。其他语言的起草文件比例在经历了几年的下降以后，开始稳步回升，占11%以上。由此可以看出欧盟委员会的多语主义也曾经受到过全盘英语化的影响，目前维持在比较稳定的状况，这与法国在欧盟积极推行多语主义是密不可分的。

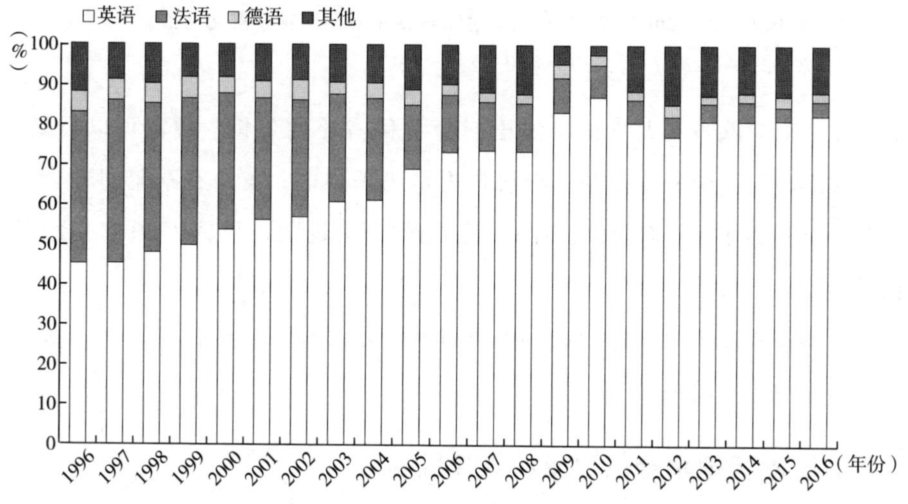

图5-16 欧盟委员会使用不同语种起草文件占比

资料来源：2004~2017年《法语使用报告》。

在欧盟理事会中，法语的使用就更有限了，2004~2017年，使用法语起草文件的占比从2005年的15.2%（历史最高值）下降到2017年的3.2%，虽然其间根据轮值国主席使用语言的喜好不同，法语的占比会有细微的变化，但基本无法改变英语在该机构中占有绝对优势的事实（见图5-

17)。近年来，英语在这一机构中所占的比例约为90%，也就是说，除了少数几个法语国家的轮值主席，其他国家的主席都倾向于在任期内使用英语。

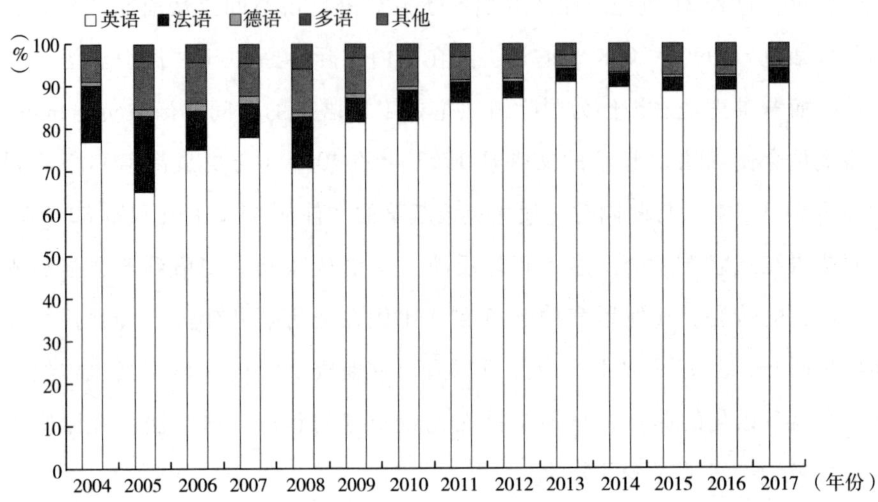

图5-17 2004~2017年欧盟理事会使用不同语种起草文件占比

资料来源：2004~2017年《法语使用报告》。

从上面对欧盟三大机构中法语起草文件占比的分析，我们可以看到，法语在欧洲议会中的使用是三个机构中最为理想的，英语在欧盟理事会和欧盟委员会的使用具有压倒性优势。法语逐渐衰退的过程是从20多年前就已经开始的，目前法语只是保留了作为除英语之外的强势工作语言的地位，这除了得益于欧盟中其他的法语国家以外，还有赖于法国在欧盟不遗余力地实行各种语言政策。

二 欧盟理事会的口译和笔译服务

在国际组织内践行多语主义，必须依靠翻译服务。欧盟的翻译工作面临数量和质量的双重挑战。从翻译工作量上看，没有任何一个国家、机构能与欧洲翻译委员会比较。欧盟现有28个成员国，共有24种工作语言，语言互译的组合达552种之多，而且这一数字还会随着成员国的增加不断变大。即使不统计欧洲议会的材料，每年需要翻译的文件材料也达230万页，需要翻译人员的大会小会每年逾1.1万个，一次大会需要安排60名口译人员进行 24 种语言的同声传译。欧盟及其前身欧共体自成立以来先后颁布的法律文件多达 8 万页，所有这些文件都需要被笔译。

欧洲翻译委员会的口译由两大部分组成：第一部分是负责欧盟委员会和 20 个工作委员会的所有会议的语言翻译，由欧盟财政预算开支；第二部分是应欧盟各成员国要求提供的口译服务，费用的支付一部分来源于该委员会对每种语言的财政预算，另一部分来自各成员国。法国在口译这一部分一贯奉行的政策是积极支持和提供欧盟内对法语所有口译的要求，只要是有需要或允许提供法语翻译的地方，法国都会主动或被动地提供服务。

在部长级的委员会中，尽管有笔译服务，但部长们的语言选择很能说明问题。2015 年《法语使用报告》中这样描述："每个成员国的部长都可以使用自己的母语表达，但大家并非都使用自己的母语，非法语国家的部长们都不会选择使用法语来表达，但与此相反，不少非英语国家的部长们则会选择使用英语来表达。"在欧盟，作为工作交际语言被优先选择的是英语而非法语，这说明法语被英语挤占掉的空间有一部分是曾经作为通用语言的部分，而所剩的使用空间是源于法语国家背景。

然而，这部分法语国家背景的使用空间在欧盟委员会常驻机构中也开始逐渐被挤占了。欧盟委员会常驻机构长期以来实施的都是法、德、英三语制，以确保大家在互相理解的同时提高工作效率。在三语体制下，过去法语国家或者渊源上与法国比较接近的国家的工作人员都倾向于使用法语，比如卢森堡、比利时、罗马尼亚的工作人员一贯使用法语表达，希腊、意大利、西班牙、克罗地亚的工作人员也经常使用法语表达。然而近几年来，这一法语使用团体也开始悄悄萎缩，随着过去那些使用法语的工作人员退休，年轻一代工作人员更倾向于使用英语，导致法语在常驻机构中的使用率越来越低。以前欧盟工作处有传统的法语午餐会，现在这一传统常常因为说法语的人越来越少变成了很紧张的话题。

欧盟常驻机构的语言使用，与主持工作的轮值主席的个人语言使用喜好也有很大关系。比如，意大利总统很喜欢使用法语，在他的任期内，在主持工作的语言方面，法语和英语基本持平，在一些不提供笔译的工作委员会中，甚至法语的使用占大多数，而在拉脱维亚总统担任轮值主席期间，他的团队中使用法语的人非常少，这大大降低了法语作为工作语言的使用比例。

此外，虽然欧盟对各机构组织的语言使用都有明文规定，实际的语言实践却与语言制度有很大出入。欧盟的“对外政策及安全工作委员会”（PESC）规定使用英、法双语制，但笔译常常不能保证，如果轮值主席不来自法语国家，法语的使用则会压缩至非常少，甚至全部被英语替代。在安蒂西（Antici）机构中，法语国家（比如法国、卢森堡、比利时）都使用法语，荷兰和希腊的顾问偶尔也会使用法语，它们的一些办事机构也使用法语。

在其他欧盟委员会的机构中，除了金融领域的委员会（英语使用占优势），一般都提供口译服务，但在理事会秘书处或主席秘书处逐渐出现了一种趋势，翻译人员常常以会议比较紧急或者强度过大为由，不提供口译服务或推荐使用机器翻译，在这种情况下，法国的代表团会据理力争强制要求获得口译服务。法国代表对法语的执着，在欧盟机构里也常常遭到其他代表的诟病，他们认为法国人总是在各种场合讲法语。法国人对此非常愤慨，他们据此反驳：“为什么从不诟病英国人和爱尔兰人总是讲英语，在欧盟内部其实有一种隐性的君子协定——大家都要讲英语，不应该讲自己的母语。”这种被法国人定义的“君子协定”，是欧盟内部一种隐性的语言政策，是由身处其中者对英语、法语和其他语言的态度所决定的。

在欧盟机构中，涉及金融的部门，比如“经济金融事务委员会”（ECOFIN），虽然有口译服务，但大部分部长（包括德国、意大利及西班牙的代表团）选择使用英语，法国的部长选择讲法语，只有少数的委员会主席强调英语、法语并重，大多数的委员只用英语表述。

在“经济和财务委员会”（CEF）和“经济政策委员会”（CPE）这两个部门中，使用英、法、德三语体制的情形十分有限，一般只使用英语进行最核心内容的沟通。

在财务顾问小组中，语言体制上规定的也是三种工作语言并行，但在实际的语言实践中，特别是在紧急会议时，口译根本无法保证，讨论基本都是使用英语进行。

由欧盟各部门的语言实践可以看出，尽管有多语体制的规定，也有口译、笔译服务的提供，但实际的语言选择仍然是英语优先，甚至对口译服务是忽视的，这一现象在经济领域更为明显。

三　欧盟机构的对外口语实践

对外口语实践主要指欧盟在公众场合的语言选择。据《法语使用报告》，欧盟委员会向媒体召开新闻发布会，使用英语、法语约各占50%，回答记者提问时，大多数情况下会选择使用英语，除非提问者来自法国媒体。事实上，大多数外国记者都能使用法语，当他们使用法语提问时，欧盟委员会的发言人却常常不能流利地使用法语回答，而是经常转换到英语状态下，这对于法国记者来说，是极不愉快的体验。来自法语国家的委员倾向于均等使用英语和法语，至少会选择使用法语回答一个问题。

在欧洲议会中，主席一般会选择三种工作语言（英语、法语和德语）中的一种来表达。议员们则经常使用英语表达，除非议员来自法国或者德国，他们会优先使用自己的母语表达。

欧盟理事会的官方新闻发布会和一般的记者见面会在语言使用上有所区别，前者按照相关的规定，至少要使用六种语言（法语、英语、荷兰语、德语、意大利语、西班牙语），常常还要加上在任主席的母语，而后者的情况就不那么正式，主席一般搭配口译两种语言即可。而近年来，欧盟理事会的主席们已经倾向于只使用英语了。

欧洲外部行动服务部（SEAE）的高级代表对外发言时一般使用英语，只有在针对北非事务时会使用法语，尽管其官方网站上是使用所有成员国语言的。

四　欧洲机构互联网的语言实践

欧洲机构互联网网页的语言体制是多语制，即所有网页应该有所有官方语言的版本，但在实际的语言实践中，执行情况并不理想。下面我们来看一下具体的语言选择情况。

我们统计比较了 2005 年与 2017 年的欧盟机构网页用语占比情况，结果如图 5 - 18 所示。从该柱状比较图中可以看到，只使用英文的网页从 2005 年的 32.5% 上升到了 2017 年的 41%，法语网页也从 12% 上升到了 24%，上升的幅度大于英语。这说明互联网多语制的实践虽然比较困难，但与欧盟机构的其他语言实践相比，要改善得迅速一些，这可能与网页翻译的滞后性有关。目前，使用法语的网页仍然只有英语网页的一半左右，离真正多语主义提倡的语言平等还有很大的距离。那么，具体部门中网页的语言分布是怎样的呢？

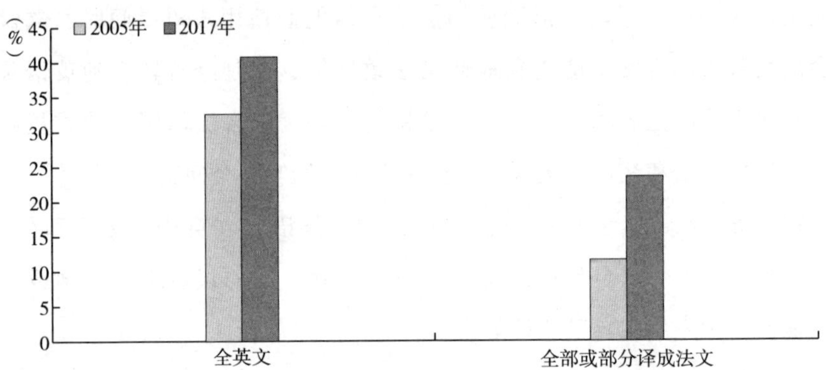

图 5 - 18　2005 年与 2017 年欧盟机构英文网页与法语网页占比

资料来源：2005 年与 2017 年的《法语使用报告》。

欧洲议会的官方网站使用的是多语网页，主页上有 24 种官方语言的翻译页面，所有会议的报告和工作文件以及视频都会平等地使用欧盟所有的官方语言，重要的网页使用法语、英语和德语，一般的会议新闻和快讯则使用英语。

欧盟委员会的主页，也有 24 种官方语言可供选择，大多数网页都可以选择法语，但一些时事新闻只有英语页面，所有的图片和视频里的语言文字仍然只使用英语处理。

此外，在欧盟委员会下属的专业委员会的官方网页中，有 12 个委员会只有英语版，比如，联合研究中心（JRC）、文教委员会（EAC）、贸易委员会（TRADE）、能源委员会（ENER）、环境委员会（ENV）、司法委员会（JUST）、移动交通委员会（MOVE）等。8个委员会有德语、英语和法语的翻译页面，6个委员会有法语网页，但只有40%～80%的内容被翻译。有16个委员会的网页全部使用法语，其中包括渔业、农业、人道主义援助、预算、交际、国际合作发展、社会就业、欧洲统计局、税制和海关、人口资源与安全、司法服务、翻译、移民政策、区域政策等方面的委员会。但大多数情况下，新闻类的网页只能找到英语页面。

欧盟理事会网络官方公报，遵循了多语主义的原则，翻译成了24种官方语言，但是会议记录和最近的资料只有英语网页，这些最新的文件不再像以前一样先记录成英文和法文，之后再转译成其他语言，今后的做法将是只用英语记录，然后在第二时间一起翻译成法语和其他各种官方语言。法语作为中介翻译语言的优势在进一步消失。

我们将2017年欧盟各机构网页的语言使用情况做成了图5－19，呈现了各种语言类型网页的占比情况。

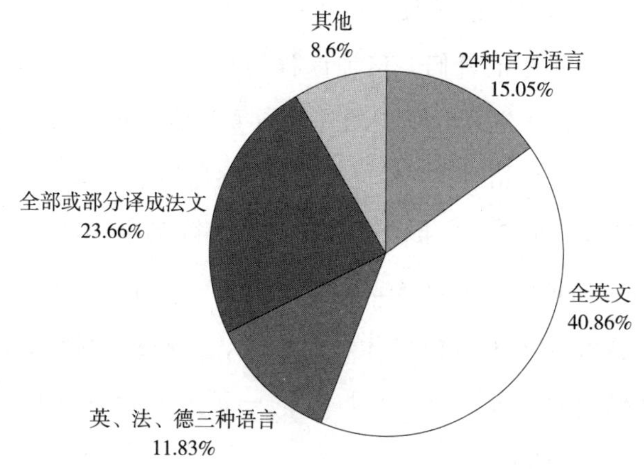

图5－19 2017年欧盟各机构官网使用语种分布

资料来源：2017年《法语使用报告》。

2017年，欧盟机构的所有网页使用了24种官方语言表述的页面占15.05%，全英文的页面占40.86%，全部或部分译成法文的网页占23.66%，仅次于英语。法语少于英文网页的部分，主要来自时事新闻、最新的会议记录和资料，以及部分专业委员会的网页，专业涉及的领域主要集中在贸易、环境、能源等。

从法语在欧盟机构网页中的使用情况，我们可以推出，欧盟机构的部分语言功能已经只由英语来承担了，比如作为网络新闻报道的语言，图片视频文字处理使用的语言，实时会议记录的语言，金融、贸易、能源领域的首要工作语言等。而相应的，法语正从某些传统功能中逐渐退出，比如作为翻译中介的语言、实时会议记录的语言等。

五　欧盟员工的法语培训

为了促进国际组织中的多语主义，法语国家组织协同法国外交和国际发展部从 2002 年开始实施对欧洲机构员工进行法语培训的计划，开支巨大，收效甚微。2004 年，该计划变更为仅对欧盟组织内员工进行法语培训。2011 年，该项培训计划继续缩减经费预算，对象进一步缩小到仅包括外交人员和国际公务人员。

培训由布鲁塞尔的法语联盟（l'Aillance Française）提供，土要针对欧盟常驻代表机构的顾问和记者们。培训课程的目标是使外交人员能在他们的专业领域内使用法语表达，和他们的外国同事互动，并能用法语草拟文件。

近年来，用于这项培训的专项预算继续逐年减少，2011 年投入的费用是 24.9941 万欧元，而 2014 年，这一费用已经降到了 10.9097 万欧元，投入下降了 56%。培训的人数也从 2011 年的 607 人下降到 2014 年的 362 人。这项计划的受益者大多来自西班牙、葡萄牙、立陶宛和斯洛文尼亚，大部分是欧盟常驻机构的公务人员（302 人），一部分是记者（49 人），还有小部分是外交人员（11 人）。

除了这一项法语培训之外，还有法国外交部出资的针对欧盟委员会委员的长达 20 周的法语培训计划。2013 年，19 个欧盟机构从这项计划中受益，这个计划主要针对法语零基础的对象。

欧盟组织内部也提供相应的语言培训，比如针对欧盟理事会秘书处

（SGC）员工的语言培训，个人发展中心组织了英语和法语课程，以帮助员工流利地使用三种工作语言，此外网络上还常年提供法语、英语、德语、西班牙语、意大利语和荷兰语的在线课程。在欧盟委员会中，每年有 1830 万欧元的培训预算，其中 290 万欧元用于语言培训，提供的语种数量多达 29 种，这些课程对所有欧盟机构都开放，授课形式既有传统教室授课，也包括新媒体课程。据 2014 年的统计，有 11000 人参加了语言课程的学习，其中 77% 的人是欧盟委员会的工作人员，23% 的人来自其他机构，排在前五位的语种是法语（30%）、西班牙语、荷兰语、英语和意大利语。

2014 年在欧洲议会按程序提供给员工的语言培训中，排在前五位的语种分别是法语（33.2%）、英语（15.3%）、德语（14.7%）、西班牙语（11.7%）和意大利语（9.9%）。欧洲议会提供的四种职业培训包括语言、金融、信息和一般事务，选择参加语言培训的人员比例在 23.8%。大部分的语言学习者选择针对个人发展的课程，一部分学习者选择应对服务的语言课程，还有一部分学习者选择提升职场空间的语言培训。总体来说，法语在语言培训中稳居第一，是最受欢迎的培训语种，之所以会这样，在很大程度上是因为欧盟对应聘人员有多语素质的要求。

在欧盟对应聘人员语言素质的要求方面，由欧洲人力资源办事处（EPSO）负责制定遴选和考核规定，应聘人员除了母语之外，选择三种工作语言中的一种作为第二语言，通过相应职位的考试才可被录用。考试的过程一般是先进行第一语言的考试，语种可以是欧盟所有官方语言中的任意一种，接着进行第二语言的考试，语种是英语、法语、德语三种工作语言中的一种，必须不同于自己的第一语言，只有需要协助语言学家工作时才要求有第三种语言的知识。

然而，近年来欧盟为了提升工作人员的多语能力，从 2014 年开始，对欧洲机构所有在任的公务人员都提出了关于第三语言的考核要求。对于新进人员，如果要得到晋升机会，也必须通过对第三语言的考核。语言考核一般有四种方式：获得语言文凭、通过 ESPO 组织的语言考试、参加语言课程并通过考试或通过 ESPO 承认的相应考试。在第三语言的考核机制下，法语成为最大的赢家：法语作为第三语言的学习，远远超过德语和英语，比如 2014 年的数据显示，选择获得法语文凭的人数占 63%，而德语和英语分别占 29% 和 8%。2014 年以后，选择法语作为第三语言的考试人数也大幅攀升，远超其他的语种。

从以上的数据我们可以看出，法国每年用于欧洲机构法语培训的费用正在逐年大幅递减，在培训对象上也逐渐转向少而精（从普通工作人员到主要外交人员的转变）。另外，尽管法语在欧盟机构内的绝对使用频率逐年降低，但 2008 年以后，法国多语主义语言政策观的转向及其在欧盟等国际组织中不遗余力地敦促多语主义的实践，导致法语成为希望获得多语能力的公务人员优先选择学习的第一大语种，从这一点来说，法语成为多语主义的最大赢家。

六　法国推动欧盟多语主义的政策研究

法国继“保护法语”的强烈情绪之后提出了更加理性的多语主义语言政策，更有策略性地捍卫自身语言权利。

其实，在国际组织内不断有舆论公开支持单一语言的主张，单语支持者最好的理由是欧盟组织内高昂的翻译费用，欧盟目前有 24 种官方语言，两两互译的组合达 552 种，每年支出近十亿欧元的翻译费用。而法国一直是这种单语主张最坚决的反对者，因为如果在欧盟内实行单语制，稳居第二语言的法语是利益受损最大的语种。更为严重的问题是，法语被剥夺了在重大政治、经济、人权、安全等事务中的话语权，这是一贯活跃在国际事务中、希望掌握话语权的法国所不能容忍的。面对单语者诟病的高昂翻译费用，法国反驳的理由是这样的：这个数字虽然巨大，但不到每年欧盟预算的 1%，分摊到每一位欧洲公民的身上，每人每年为语言翻译支出 2 欧元即可，口译、笔译成本不能成为实行单语制的借口。相比如果在国际组织内实行单语制，经济支出上并不会改变多少，法国人在 2017 年的《法语使用报告》中为单语支持者算了一笔经济账：首先，即使是单语，基本信息流通的费用也不会减少；其次，对单语语种的学历要求会提高，学历成本的增加会附加到每个欧盟成员国头上，用单一语言对所有公务人员、专家、外交人员甚至公众进行语言培训，这需要更严谨的措施，通过衡量、评估产出的效率和质量来分配相关的资源；最后，世界的多语本质也不允许完全使用单语交流，世界的双语水平并不高，只使用一种语言，不以接收者可以理解的语言传递信息，最后只会降低组织提供服务的质量。所以，对于国际组织的语言问题，法国的观点是坚持多语主义，翻译问题只能寄希望于机器智能，尽管机器翻译目前还比不上人工翻译，但飞速发展的技术令未来可期。

尽管法语在欧洲机构中处于不断衰退的情况，但是法语不管是在起草文件方面还是在口语使用方面都是稳居第二位的语言。对于国际公务员来说，法语是优先选择学习的第一语种，是最具职业发展前景的语言资源，也是最能体现个人多语能力的语种。这些功能和地位的获得与法语在国际组织内积极推行多语主义语言政策，阻止由全盘使用英语带来的单语化是密切相关的。具体采取的语言策略包括以下四点。

其一，利用欧盟中法语世界国家共同的影响力，大力提倡多语主义和文化多样性，包括这些国家的外交使团、讲法语的名人、欧洲议会中讲法语的议员团体等。邀请知名人士参加由法国主导的有关国际事务的会议，议题涵盖移民、妇女权益、语言文化多样化、国际贸易、人类安全等广泛和重大的内容，积极制造并参与话题是掌握话语权的有效方法，在所有公共场合积极宣传多语主义，把多语主义当成先进的文化价值观来推广。

其二，针对国际组织中的公务人员组织各种法语培训。这项培训计划由法语国家组织提供，目的是提高国际公务人员使用法语作为工作语言的能力。2015 年，来自 17 个国家的公务人员、外交人员、记者参加了分别在维也纳外交学院、法国行政学院以及马斯特里赫特公共行政学院举行的为期2 ~ 3 年的法语培训，截至 2018 年约培养了 3000 名外交官、国际组织公务人员和专家。

其三，在非洲国际组织中继续加强法语培训，这些组织包括非盟、东非共同体、非洲人权组织等。2017 年，258 名非洲国际组织的工作人员以及

61 个机构参加了培训，目的是提升多语环境中使用法语的工作能力。

其四，建立“法语国家口译笔译联合网”（REFTIC），加强学术研讨与合作。要推行多语主义，翻译是重要的行动工具。这个国际口译笔译网络是法语国家组织 2017 年建立的，目的是加强各区域组织和国际组织在法语口译、笔译领域的合作与协调，包括 65 个成员小组，该网络鼓励各个小组组织口译、笔译培训，通过支持多语主义来促进法语在国际机构中的使用。

七 推动国际范围内的语言规范化

法国认为语言的规范化无处不在，甚至把语言规范化当成国家战略问题来对待。在各种术语层出不穷的科技时代，规范化可以使国家、社区、国际间使用统一的专业技术词汇，更好地促进语言在专业中的使用。

首先，法语力争在国际标准化机构中掌握话语权。法语和英语、俄语是国际标准化组织（ISO）的三大官方语言，法语还是国际电工委员会（IEC）两大官方语言之一。在欧洲，法语和英语、德语是欧洲标准化委员会（CEN）和欧洲电子技术标准委员会（CENELEC）的官方语言。法国积极参与国际标准化组织和国际电工委员会的政治治理和技术治理，一直是六个常任理事国之一（中国在 2014 年成为该组织的常任理事国）。法国除了提升自己在国际标准化组织中的地位，积极投身秘书处的工作之外，还帮助其他非洲法语国家发展标准化系统。

法国在国际标准化组织中所做的努力为法语争取了话语权。据统计，2016 年使用英法双语公布的国际规范标准占 46.2%，在 2014 年占 34.7%，计算机以外的标准使用英法双语公布的比例为 53.6%，比 2014 年增加了 5 个百分点。

此外，法国还在信息标准化方面尝试不断改革，比如，2016 年法国标准化协会（l'AFNOR）拟改变一直在法国使用的以 AZERTY 排列的法语键盘，推出新模式键盘。目前的法语键盘不同于英语国家普遍采用的 QWERTY 键盘，法式键盘曾经被认为是与法语完美契合的，但事实上，法国文化部 2016 年 1 月 15 日在其官方网站上发布了对法式键盘的评定："使用在法国市场上售卖的键盘，几乎不可能正确地写出法语。"原因是目前的法式键盘忽略了一些法语字母和法语拼写的特殊性，也无法拼写区域语言，如布列塔尼语或奥克语，因为这些语言的元音字母上都需要一些音符。为了支持区域语言，也为了让人们在拼写时更好地遵循法语拼写规范，法国标准化协会决定在 2018 ~2019 年让这种新的键盘样式面世。

第六章　全球化时代法国语言政策的多语主义转向

这一章是全书的结论，主要讨论两个方面的问题：第一，对法国语言政策做一个历时层面的总结，笔者把法国对法语长达500年的规划分为三个历史截面；第二，讨论全球化背景下的法语在全球战略上的挑战。

第一节　法国语言政策的三个历史截面

前面的章节对法国语言政策进行了历时层面的梳理和共时层面使用情况的分析。据此，我们可以从标准语塑造时期、通用语地位衰退时期，以及应对全球化时期这三个历史截面来对法国语言政策进行总结，并从语言政策的目标、对象、内容、方式等几个维度来总结各个时期的特点。

一　标准语塑造时期和规范化政策

布迪厄说，社会学研究的本质是各种斗争的输赢，作为社会语言学重要问题的语言政策研究从本质上讲，是研究各种语言在不同功能领域中斗争的输赢。这种斗争表现在对符号权力的争夺。法国语言政策对法语合法语言地位的建构，正是赋予了法语至高无上的符号权力。

因此，法国语言政策的核心是对法语作为国家标准语的塑造，其后来各时期语言政策的演变也都建立在这一基础上。也就是说，法语作为合法语言的构建是一切语言权力问题的源头。

学术界普遍认为法语作为标准语的塑造过程从1539年《维莱科特雷法

令》颁布开始，直到20世纪初，随着学校义务教育的普及，法语才真正被塑造成了现代国家意义上的标准语。在近五个世纪漫长的塑造过程中，最主要的塑造工具就是语言的规范化，也可以说规范化是这一时期语言政策的主要内容。这种规范化是从法语的各个不同功能层面分阶段进行的，伴随着四个重要的历史时期。

（一）法兰西学院的建立

1635年法兰西学院建立，它以规范法语的表述、记录法语的变迁、优化法语的使用为己任，在完美交际层面完成了对法语的规范化，使法语作为高效的行政、商贸、文化交流、艺术表达的工具一直保有使用价值。

（二）启蒙运动时期的法语

“作为传播启蒙运动思想的工具，以其呈现的自由主义和普世价值语言的气质——精确、严谨、智慧、文雅和魅力，奠定了它在欧洲乃至全球的地位。”（王明利，2012）这一时期的法语重在传播新的思想和先进的科学技术，文学和沙龙成为传播法语文化的有效载体。由于语言的传播与接触空前繁荣，产生了大量的新词新语，借词现象活跃；由于现代科学的发展，产生了大量专业术语。它们共同促进了大百科全书的编纂，推动了各类新式辞书词典的诞生，也敦促法兰西学院对法语的规范化加快速度，比如，在1760年版的《法语大词典》中，对18000个词中的8000多个词做了拼写上的修改，也促使法语句法结构基本稳定下来。除了在科技文化领域的引领作用，这一时期的法语在外交领域也逐渐取代了拉丁语的地位，成为欧洲通用的外交语言，1763年签署的《巴黎条约》就是用法语撰文的，而且已经不像以往的条约一样注明该条约用法语撰写，这说明用法语撰写国际条约已经成为不成文的规定。在欧洲，条约、规章不用法语撰写的现象是很少见的，直到1919年，法语一直是欧洲高层外交活动中使用的唯一语种。

可以说启蒙运动时期的法语在科技、文化和外交领域获得了空前的地位，催生了这几个领域的语言规范化，现代法语正是这些规范化的成果，而这些规范化的手段也进一步巩固了法语在这些领域的权力地位。很多人说法语是精确的语言，这与法语长期作为欧洲外交语言的实践以及不断的规范化不无关系。

（三）大革命时期的法语

在启蒙运动时期，法语是政府行政、商贸往来、集结精英、外交和巩固专制统治的语言。事实上，它是一种上流社会统治阶级使用和追捧的语言，然而法国的平民并不使用这一语言，在当时全国人口中以法语为母语者仅占12%（李清清，2014），方言才是各地民众使用并掌握的语言，法语实际上是等级的标志、身份的象征。大革命前夕，法国存在30多种方言，各地民众乡土意识强烈，习惯自称布列塔尼人、利摩日人、阿尔代斯人等，几乎没有法国人的观念，这一状况一直持续到19世纪下半叶。

大革命时期，革命者首次将语言问题与民族问题、国家政体联系起来，将统一民族语言和将全体国民融入“统一而不可分割”的共和国相提并论，法国的区域语言政策至此发生了根本性的变革。法兰西宣告成立共和国，迫切需要将共和思想与民族国家的概念传递给国家的公民，建立统一而不可分割的公民社会需要统一的民族语言。可以说，大革命是法兰西民族认同的一个分水岭（曾晓阳，2013）。民族观的建立促使人们开始思考法兰西民族应当拥有统一的民族语言，讲法语被视为一种爱国行为，它是“自由、平等、博爱的语言”。此外，统一民族语言还被视为消除社会差异、建立平等社会的一个有效方式。与此相对，方言则被贬斥为“不规范的暗语”“制造遗憾和谬误的工具”“粗俗的土话”“专制政权强加在法国人民身上的最后一环锁链”等，严厉打压方言、强制推行法语的语言政策相继出台，公共教育机构成为普及法语的希望。1792年11月19日，公共教育委员会指示各地公共教育机构“让法语在短期内成为共和国各地居民均能熟练使用的语言”。次年10月21日，初等教育组织法令颁布，规定学校开设法语课。10月26日颁布的一道法令又将法语定为唯一的教学语言。为了尽快开展法语教育，1794年1月27日，国民公会颁布关于设立法语教师教职的法令，宣布在方言盛行的莫尔比昂等四省区以及外语流行的上莱茵等八省区的各乡镇小学设置一个法语教师教职，负责教授法语。该法令要求救国委员会采取“一切必要措施”推广法语，还鼓励各地民间协会“采取多种措施使偏远地区民众也通晓法语”。法国政局的动荡与政体的频繁更迭使得民族语言统一进程历经反复，直至法兰西第三共和国时期（1870～1940），法语才真正成为法兰西民族的通用标准语。法国统一民族语言的漫长历程凸显了民族语言问题与政治社会变革之间的密切关系（曾晓阳，2013）。

然而正是这样的一个过程，使法语从上流社会的语言变成了法兰西全体公民的语言。这一过程所展现的政治内涵不是我们讨论的重点，我们更关注这一政治过程对语言的影响，它使法语在与其他语言的斗争（在通用语领域）中成为胜利者，建立了新的语言等级秩序。通过公共教育机构实行的教学规范，使法语作为合法语言所需要的语言统一市场更加广泛，也让法语获得的认同更广泛，符号权力随之更大。大革命时期的语言政策使法语在政治权力、民族认同领域获得了空前的发展。

（四）19 世纪末和 20 世纪初的国民义务教育以及两次殖民时期的海外语言传播

1871～1900 年，共和党执政以后，根据法国资产阶级政治、经济的需要，着手改革教育。教育部部长费里在 1881～1882 年先后颁布了一系列教育方案，其中的《费里法》确定了公民教育发展的义务性、免费性与世俗性三原则，根据《费里法》，初等教育废除了教会监督公立学校的权力和教士任教的特权，免除了公立母语学校和小学的学费，并规定 6～13 岁的儿童都应入小学受七年的义务教育，因此公立小学发展很快，这为法语在公民社会的迅速普及创造了条件。此外，从 17 世纪至 20 世纪，法国历史上建立过两次强大的殖民帝国，在 1919～1939 年这个巅峰时期，法国的海外殖民地面积达 1234.7 万平方千米，占世界土地总面积的 8.6%，范围遍及世界五大洲。随着殖民帝国的建立，法语在海外的传播也逐渐发展起来，形成了海外法语语言文化推广的雏形，1883 年，语言文化推广界的巨无霸法语联盟成立，它致力于在全球范围内传播法国语言文化，不但是重要的语言教学机构，还是重要的文化输出机构。用布迪厄的理论来讲，就是建立了更广泛的国际国内统一的法语市场，进一步加深世界对法语文化的认同，成就了更深层次的法语符号权力体系。就此，法语成为法兰西民族国家的语言、欧洲的语言、世界的语言，而在功能领域，它成为先进思想文化的载体、新科技新学科的载体、对外交际的载体等。

综上，在法语成为国家标准语甚至世界通用语的塑造时期，法国采取的语言政策是使用先进的手段规范法语，目的是优化法语本身，利于更广阔范围的交际使用，利于表达更先进的科技、思想、艺术等，这是与当时法国的国力快速提升分不开的。主要的语言规范化形式包括词典辞书等的编纂、修订、出版，公共教育体系的建立，海外语言文化推广机构的成立，外交文本惯例的推广，文学艺术作品的传播等。总之，规范化程度越高，法语作为合法语言在语言市场上的价值越高，符号权力占有者的利润就越丰厚。从语言政策规划的功能层面来看，标准语塑造时期的法语经历了从基本交际功能的规划向外交、民族国家认同、文化认同功能的转移。从处理的语言关系来看，主要是与标准语相对的拉丁语、民族语言、各地方言、区域语言。

二 通用语地位衰退时期和保卫法语

第二个历史截面是从20世纪初法语的逐渐衰退到20世纪末保护法语的浪潮。这一时期，是以法国在世界影响力降低、经济地位滑落以及英语对法语的全面取代为背景的。这一时期主要的特点是：法语全球通用语地位的全面覆灭，各功能领域的语言地位被取代，国内各种语言关系开始发生改变。法国此时采取的语言政策是通过立法和成立语言组织捍卫利益。重要的历史节点有以下三个。

（一）法语国家组织的建立

二战以后，法兰西第四共和国长期进行越南战争和阿尔及利亚战争，导致国际声望下降，财政严重困难，国内动乱加剧。1958 年法兰西第五共和国成立以后，戴高乐将军为使法国重返世界大国地位，建议建立“法语共同体”，1970 年，法语国家组织正式成立，将所有讲法语的国家联合起来，维护法语的世界地位，现在该组织已经逐步向政治、经济等领域拓展，已经从最初较为松散的组织发展成一个多功能的、全面的国际组织，与世界上 31 个国际和地区组织签订了协议，其中包括联合国、欧盟和非盟（叶丽文，2011）。法语国家组织包括四大法语国际机构，即法语国家大学协会（l’AUE）、法国电视国际五台（TV5MONDE）、国际法语国家市长协会（AIMF）、亚历山大桑格尔大学，早期主要提供国际留学教育、国际科技文化交流、新闻信息传播服务，并关注国际重要人权、安全、文化议题。法语国家组织积极预防与调解内部冲突，促进各个国家的法治进步与民主人权，共同倡导文化多样性与文化例外原则，为法语国家青年乃至世界其他国家青年提供教育培训、法语语言服务和文化交流活动，同时还为各相关国家的经济发展提供帮助。今天它已从一个松散的文化及语言组织发展成一个功能全面、涵盖广泛、关注多元的国际组织（卢暄，2015）。这个组织可以看作法国在应对英语全球化过程中保卫法语文化的重要平台，后来这个平台又逐渐发展成为传播法语文化，主导法语话语权的重要机构。国际组织的建立成为在世界范围内保护法语权力的有效方式。用布迪厄的理论来看，体现了制度是语言权力的重要保障这一观点。

（二）20 世纪 70 至 90 年代，一批重要的法语机构相继成立

1970 年，术语委员会成立，负责规范日新月异的科技专业术语；1972 年，国际法语理事会（Conseil International de la Langue Française，CILF）成立，负责管理世界法语资源，协调所有法语国家之间的语言交流和语言实践；1984 年，法语国家组织高级理事会（Haut Conseil de la Francophonie）成立，负责协调法语国家组织与法语世界的关系，出版年度《法语国家组织状况报告》；1989 年，法语最高委员会成立；同年，法语司更名为法语及法国境内语言总司，扩大行政职能。此外，一批保卫法语的民间组织也相

继成立。1990年政府与法兰西学院主导的正字法改革，也因为受到保护法语组织的抵制以及右翼报纸的坚决反对长期得不到实行。

多种行政机构和协会的设立，反映了对语言的强势管理，这恰恰反映了语言既得利益者对符号特权地位的捍卫，希望继续保持过去的辉煌，力挽颓势。然而语言的发展有自身的规律，继续沿用标准语塑造时期的政策方法，即规范化和纯洁化，是解决不了问题的。

（三）1994年《法语使用法》颁布

这是一部关于法语如何使用的法律，它的颁布标志着法语在某些功能层面的绝对地位受到了威胁。然而这次规划的语言对象既不是方言，也不是地区语言，而是英语。英语已经不仅仅在国际上侵占法语的地位，在法国国内也开始成为政府和民众的“心头肉”，这虽然与法国的开放程度、参与全球化的程度分不开，但也体现了法语在本国标准语的地位受到威胁。《法语使用法》对社会经济生活、职场、教育、公共机构、媒体等重要领域的法语使用都提出了保护条款，希望就此改变英语对社会生活各个领域的影响。除此之外，法语的规范化组织中也掀起了法语纯洁化浪潮，术语委员会的主要工作内容就是创造法语词汇、尽快替代已经渗透入法语的英语借词。英语借词数量之大，民众接受传播度之高，加之创造法语新词之艰难，让一些法语新词颇受诟病。

这一时期的法语政策以强势管理为主，强调在各个领域保护法语。从政策的规划层面看，已经从以语言本体规划为主上升到了以语言功能规划为主，《法语使用法》的出台就是最好的例子。从规划的语言关系来说，法语与国内区域语言之间的矛盾转为法语与英语或其他外语的矛盾，这时，国内区域语言问题退而次之，使国内区域语言政策出现了“由紧到松的变化”。从语言政策的方式来说，这一时期的政策方式主要表现为立法和成立国际组织，立法是比较严苛的政策方式，足见法国政府保护法语的决心和力度，而成立国际组织，是一种新型的跨国界的政策方式，对法语的国际地位是一种制度保障。

三　应对全球化时期法语政策的多语主义转向

全球化对于不同的国家有不同的意义，各个国家采取的应对性战略也千差万别，有必要先了解一下法国对全球化的态度，这样才能更好地分析其全球化语言政策。在西方，全球化的定义存在意识形态层面与社会实践层面两个方面的界定。在意识形态层面，西方有三种主要的观点：第一，全球化是现代性的一种世界性扩张；第二，全球化意味着政治意识形态话语在全球的竞争；第三，全球化就是全球资本主义化、美国化，是一种新的帝国主义（向红、高丽娟，2004）。法国的众多学者持第三种观点，法国在签订关贸总协定时，正是基于全球化的美国化提出了“文化例外”。法国著名语言学家海然热（2015）在《反对单一语言》一书中对全球化这样表述：“全球化是一种新的殖民化，全球化导致了美国化、英语化，还出现了单一的纯粹建立在金钱之上、商品之上的思想。法国国内有很多精英化的人士积极帮助推动英语的全球化是很主动的，只服务于资本，罔顾民主公平，是一种全球化帝国主义。”他认为应该实现新型的全球化，“首先必须批判今天人们对于沟通这一概念的理解，那就是美国政府以信息自由为借口的全球沟通模式，其实质是大肆强占信息资源，对于沟通只是单纯的告知，这种信息具有虚构的特征，根本原则就是向好莱坞学习”。海然热的观点至少可以代表法国相当一部分人对全球化的悲观态度。事实上，有调查显示，从欧盟成员国来看，奥地利和法国成为最恐惧全球化的国家，大约55%的奥地利民众和54%的法国民众恐惧全球化，而大约61%的法国民众反对欧洲一体化框架，成为欧洲之最（贺之杲，2017）。由于法国对全球化和一体化的强烈担忧，影响了其全球语言战略。全球化意味着语言边界、政治边界、文化边界的弱化，法国在语言边界上保护法语（语言纯洁化）、在文化边界上保护法国文化（“文化例外”）的做法正体现了在美国化与英语化面前表现出的强烈不安全感。海然热（2015）在书中抱怨说：“现代年轻人对美国符号和词语的大量使用，它不再是一种主动的词语外借现象，而是体现了各国人民在某些话语模板面前表现出来的一种温驯的、无意识的屈从。媒体是这一现象的始作俑者，它被支撑起这些话语模式的意识形态所主导，进而通过一种巨大的、日常性的压力毫无节制地侵扰各国人民。”

在意识形态层面我们看到了法国的全球化态度，然而在社会结构层面，全球化意味着众多超地域国际性机构的产生，比如联合国、欧盟、世贸组织、国际货币基金组织等。法国在这些国际组织中积极地参与和争取话语权，还主导了法语国家组织等国际组织，为法语的全球利益服务。下面我们具体分析一下法语在全球化时期的语言政策。

法国语言政策在应对全球化时期经历了两个阶段。其一，力主文化多样性，在世界范围内推广“文化例外”，以保护本国文化和语言。其二，在对内对外的法语政策上实施多语主义转向，向国际组织让渡部分权力，以迎合法语的全球利益。

（一）“文化例外”

李宇明教授认为语言有四个层面的功能：交际工具、思维、文化载体，以及象征认同。这四个层面的功能往往不具有同一性。欧洲古老的巴别塔的故事告诉我们，作为交际工具的语言其实不需要多样性，太多样就意味着缺乏效率，但承载文化的语言需要多样性，如果没有文化的多样性，我们的世界将变得索然无味。法国正是因为对文化的特殊性进行了充分的解读，才为后来倡导的多语主义留下了后话。

20 世纪 90 年代初，在关贸总协定谈判中，涉及是否将自由贸易引入文化产品和文化服务领域时，法国人据理力争，提出了在国际关系中的“文化例外”概念：“在确认不得将文化产品视为普通商品、每个国家有权鼓励本国艺术家的同时，法国愿意为维护人类文化遗产的多样性传统而提供帮助。”为保护本民族的文化遗产，法国政府采取限制进口美国文化产品、补贴本国文化产品的政策，希拉克当选总统后（1995）甚至宣布每年拨出的文化经费将不少于国家经费总预算的 1%。1994 年颁布的《法语使用法》也起到了对法国文化的保护作用，法令规定所有法国电台播放的音乐节目中至少应该有40%的法语音乐，巴黎法院更是以播放节目中没有足够的本国节目对法国电视一台做出了4500万法郎的罚款（侯聿瑶，2007：9）。

1999年，联合国在法国的积极促进下，接受了法国力主的文化特殊性，但改用"文化多样性"取代了"文化例外"的提法，理由是"文化多样性"是比较正面的表述，而且少了防御色彩。2001年10月，联合国教科文组织第31届大会一致同意通过《世界文化多样性宣言》，第一条就将文化多样性列入"人类共同遗产"，将其视为跟"人类生物序列中的生物多样性"一样不可或缺。至此，文化多样性作为一项文化政策，获得了世界的普遍认可。

此后，法国在国际组织框架内，如欧盟委员会、联合国教科文组织以及国际文化政策网络（RIPC）积极促进文化多样性的推广，法语国家组织也正是以文化多样性为宗旨在世界范围内传播法语文化。

这个阶段，法国的语言政策目标是积极配合保护法语文化，使语言成为对外传播法国文化的载体，实现在世界性议题上法语话语权的建立。从行为方式来看，主要是利用国际组织的高峰论坛及各种语言文化项目，涉及的领域包括教育、传媒、科研、信息化、技术合作等，而主要实施的平台是法语国家组织及其下属机构。表6－1列举了法语国家组织近五届首脑峰会讨论的议题。从表6－1中可以看到法语推广和语言、文化多样性是该组织永恒的议题。在更早的2002年、2004年及2006年峰会上，则更多的是讨论文化多样性、教育信息化。近年来，逐渐涉及人权、地区安全、政治治理、经济管理、环境保护、反恐等世界性议题。这种转化彰显了法国语言文化作为外交手段的本质，也让我们看到了法语参与世界重大问题话语权竞争的趋势。

表6－1 法语国家组织2008～2016年历届首脑峰会议题

年 份	议 题
2008	经济管理，民主法制，环境保护和法语推广
2010	法语国家在国际关系中的地位，在国际社会中争取更多话语权，法语国家与可持续发展，以及全球化背景下的法语和法语教育

续表

年　份	议　题
2012	关注刚果（金）东部局势及马里危机，呼吁非洲世界继续认同法语所代表的民主出色的政治治理原则
2014	法语国家和地区的妇女和青年在维护和平、促进发展中所扮演的角色，埃博拉疫情，布基纳法索危机，反恐
2016	男女平等，推动语言多样化以及预防极端主义

（二）法国语言政策的多语主义转向

全球化时期语言利益的复杂性，使法语的语言政策不能一成不变，它在应对全球化过程中不断做出调整，其中最重要的特点就是进行了多语主义转向，尤其在2005年以后。

多语主义既是语言社会实践又是语言意识形态。多语主义体现了语言意识形态与语言秩序的观念（周明朗，2009）。

斯博斯基在《语言政策——社会语言学中的重要论题》一书中，对国家与语言政策类型的划分做了详细介绍，他结合了兰伯特和费什曼两人划分方法的长处：前者是根据各国语言实际状况来划分国家类型，而费什曼则根据各国人民对本国语言文化的观念和意识形态来划分。可见除了真实的语言状况之外，国民的语言态度和国家的语言意识形态更能表现一个国家真正的语言制度。按照这个标准划分，法国属于“第一类国家”，语言态度体现为一种语言与民族身份密切相关，其他语言都被边缘化，常见的政策行为表现为本体规划（语言规范化）、外语习得和语言推广，而从国家的语言意识形态来看，则表现为单语制，斯博斯基（2011：66）认为法国是一个不认同多语事实的单语制国家。本研究对法语及法国境内其他语言历时和共时的分析，对法国语言政策传统的梳理，也印证了斯博斯基的观点。尽管早在20世纪90年代初，法国为了抵制新自由主义经济对法国文化产业的影响，提出了“文化例外”，并在2001年，经过广泛推广和游说促使联合国教科文组织通过了《世界文化多样性宣言》，法国至今也没有对“文化多样性”立法。此外，尽管法国1999年就签署了《欧洲区域或少数民族语言宪章》，但直到2005年以前，法语及法国境内语言总司的官方报告中都没有对“多语主义”语言政策的表述，法律法规层面更是至今也没有。

据此，有的研究者认为法国语言政策存在对外推行多语主义，对内实行法语保护主义的矛盾。但是笔者认为这种说法忽略了当今世界语言问题的复杂性。我们应该从国家语言实践、国家语言意识形态还有全球语言利益三个方面来谈法国的多语主义转向。

从国家语言实践方面看，随着全球化贸易的加深、欧洲一体化的深入，法国国内其实早就呈现多语生活的事实（见第四章）。只是从国家意识形态方面来看，多语主义转向是艰难而意味深长的。

2005年的《法语使用报告》中第一次在官方使用了“推动多语主义”（promouvoir le plurilinguisme）的字眼（RPELF，2005：61－71）。报告简述了政府当年为推动多语主义所做的工作：在国内层面，法国政府加强了法语作品向外翻译和外语作品向内翻译，在外语互译中发挥了法语作为中介翻译语言的作用，为来自欧盟其他成员国的公民提供公共服务翻译；在欧盟层面，法国政府主导了统一和规范欧盟各国之间的术语，为加深欧盟成员国的身份认同发展翻译技术，为欧盟的文化多样性和语言多样性服务，协助欧盟制订语言学习计划并把法语的评估体系与欧洲语言共同参考框架对接，积极在各语言间进行跨文化交际能力的培训等。从当年法国政府的这些工作中，我们可以看到，2005年的时候，“多语主义”还只是欧盟的主场，法国只配合“多语主义”做好翻译、术语和语言教学服务。这反映了在国家意识形态方面，官方认可的“多语主义”是处理法语与外语的关系。但多语主义的提出，已经展现了政府对语言权力的部分让渡。2007年，法语及法国境内语言总司在撰写国内区域语言使用报告时第一次使用了“语言多样性”（la diversite linguistique）的表述，并把区域语言重新定位为“可以利用的财富”。而到2008年，法国为了把区域语言作为“法国遗产的一部分”写入相关法律引发了全国大讨论，当年的《法语使用报告》说：“这是法兰西第五共和国历史上第一次在参众两院讨论区域语言的地位问题。”（RPELF，2008：78）后来这一立法在2011年被通过。从这个具有转折性的语言事件中，我们看到法国对待区域语言的态度确实在转变，但意味深长。法语让渡给区域语言的发展权力，是基于这些语言作为法国境内的语言资源和财富，而不是作为地方通用语言或官方语言的地位。所以当马克龙访问科西嘉岛，被当地议员提请将科西嘉语作为法国官方语言时，他当场发表演讲拒绝了：“在法兰西共和国内，只有一种官方语言，就是法语。”2007年以后，官方报告在提到区域语言时，均使用“语言多样性”表述，而只有提到法语在欧盟等国际组织的作用或法语的全球传播时，才使用“多语主义”的表述。“多语主义”和“语言多样性”反映了法语国际国内政策的“一体两面”。

在全球化时代，国际组织或者超国家组织逐渐主导世界关系，在这样的环境下没有国家可以独善其身，而要与这些组织一起获得全球化的利益，同样也需要付出相应的代价。法国做出多语主义的姿态，是在“多语主义”问题上向欧盟或其他国际组织让渡部分权力，一方面可以继续推行由它自己在全球尤其是在欧盟组织中主导的文化多样性、语言多样性政策，另一方面也可以保障法语的全球利益。多语主义下法语的全球利益体现在以下几个方面。鼓励多语交流，语言翻译举足轻重，法国作为传统翻译强国，驾轻就熟地提供口译、笔译服务及翻译人才培训，为法语作为中介翻译语，在国际组织中作为高效率的工作语言都提供了条件。此外，法国寄希望于强大的机器翻译系统辅助人工翻译，也为法国积极开展法语与其他语种的自动翻译提供了机会。强调全球化时代个人多语能力和终身学习的重要性，法语充当了多语能力的主要代表语言，在语言培训市场，法语是学习者首选的第二语言或第三语言，法语教学和培训占据了重要的地位，“法语联盟”就是世界语言教学的巨无霸，没有任何语言教学机构能出其右，使法语成为世界第二大作为外语教授和学习的语言。强调全球化时代迎接世界公民身份的跨文化交际能力，包括法语世界的文化向外传播与其他文化向法语世界的传播，在这个过程中，法语是重要的媒介语言，法国电视国际五台就是全球最大的法语跨文化交流平台，它是使法语成为世界第二大媒体语言的重要支柱。

然而值得我们思考的是，世界上的国家因为对全球化的态度各不相同，所以采取的语言态度也截然不同。像法国一样持审慎态度的国家，会举起文化多样性和语言多样性的大旗，呼吁多语主义、语言平等以捍卫母语权利，从而获得自身语言的全球利益；另一些对全球化深深依赖的国家，则纷纷把英语作为官方语言、教育语言、第一外语进行全民学习，以获取全球化语言市场上的语言利润。这些地区或国家的人们，有的选择投入高成本的第二语言学习，比如日本、韩国，有的国家不愿付出高昂的第二语言学习成本，也源于第二语言学习效果不具有竞争力，于是选择放弃母语，以英语为第一语言，这也是近年来英语学习越来越低龄化、母语化的原因。

综上，法语的保护主义和多语主义的全球语言战略是法国应对全球化态度的真实反映，是由面对全球化带来的悲观局面，既想走独立发展道路，又不得不在全球化利益面前做出妥协让步的矛盾心理决定的。

第二节 法语的全球传播与国际话语权竞争

在第一章中，我们已经论述了语言权力与话语权的关系。这里我们将进一步讨论法国语言政策在法语建构国际话语权过程中的作用。

一 话语权建构的要素

首先我们讨论一下话语权建构的必备条件。

（1）言说者资格的制度保障。我们知道掌控话语权的首要条件是具备言说的资格，而资格往往与言说者所处的地位有关，可以是政治、经济、文化、学术各个领域的地位。用布氏理论来讲，地位是由其背后的政治、经济、文化、学术资本的多少来决定的，而这种资本的多少又是由有效的制度体系来保障的。我们说一种语言要想获得话语权，首先需要建立一种制度来保障其言说的资格。第一类制度是法律规章，是有形的。比如，“法兰西共和国的语言是法语”（1992 年写入宪法）；“法语国家组织的唯一官方语言是法语”，“法国境内企业的内部规章制度及劳动合同应使用法语撰写，当同时有其他语种的版本存在时，以法语版为准”（《法语使用法》）；“商品的使用说明必须有法语的同等理解程度的译文”（《法语使用法》）；“欧盟法院的案件一审判决的起草语言必须使用法语”（欧盟的法律法规）。这些法律法规形式的制度保障直接规定了某种语言的话语权。第二类制度是特殊场域对某种语言的认定，往往是无形的。比如，欧盟官方网站的所有实时新闻内容都仅使用英语；欧盟的媒体见面会或记者招待会，在回答记者问题时，大家一般都使用英语；在与金融贸易相关的委员会的官方网页也仅使用英语。之所以存在这种不成文的隐性制度，是因为英语在金融和传媒场域中分别具备了资本最多和受众最多的地位，其话语权被隐性制度认定并保障了。

（2）话语社团的建构。言说者要使说出的话语一呼百应，必须要有自己特定的话语社团。话语社团是产出话语、行使话语权的有效平台。这种平台的构建需要臣服和痴迷的受众，即服从于这种象征性支配关系的人们对特定语言权力的认同。比如，法语国家组织就是以法语文化为纽带的国家共同体，参与该组织的前提，就是以法语为共同体的语言，拥护法语国家共同的价值观。从这个意义上讲，国际组织本身就是一种话语社团，这个国际组织的国家和地区成员越多，覆盖的人群越广泛，这个话语社团就越庞大，言说的影响力就越大，话语权就越有保障。

（3）宗教、信仰或哲学信条是产生话语权的条件。“言语者通过对一种信仰或信条广泛扩散，通过对同一真理的承认来集合一种同一性忠诚。”信条具有排他性，力量巨大，是一种无形的话语权利线，既区分更大范围内的话语受众，又联结拥有同一信条的信众。这个比较容易理解，即言说的话语越有道理，信众越多，话语权则越大。比如，法国历经七年，不断赋予“文化多样性”更多的意义与合理性，时任文化部部长的雅克·让在世界文化大会预备会的总结报告里说：“文化赋予我们自我反思的能力。文化赋予我们判断力和道义感，从而使我们成为有人性的理性的生物。我们正是通过文化辨别各种价值并做出选择。人正是通过文化表现自己、认识自己、承认自己的不完善、怀疑自己的成就、不倦地追求新的意义和创造出成果，由此超越自身的局限性。”强调了每一种文化各有其价值，赋予了“文化例外”原则以最大的合理性。正是因为这个观点在世界范围内得到了广泛的认同，法国才可以以“文化多样性”为核心议题，在众多的国际组织、重要的论坛峰会上继续促进相关的话题，比如文化教育、信息化等。信条的广泛被接受意味着话语权的建构。当某个组织或国家能在人类重大、根本性的问题上提出有公信力的观点、态度或价值观，它就会有更多信众，也将更有话语权。在众多的国际组织中，关涉人权、安全、政治、经济类的组织更有话语权也就不难理解了，法语国家组织议题的逐渐转变升级也是寻求更多话语权的表现。

（4）话语权依靠教育体系进行延续和保障。话语权既要保证传递旧的话语权，还要保证源源不断地产生新的话语权，这就要依赖为之服务的教育体系，特别是高等教育系统。前面所讲的话语资格、话语社团和话语的信众都是在一定的教育体系中培养和塑造出来的，教育体系保证了话语权需要的制度、社团和信众，同时为新的话语权的产生做好了准备。比如，一些著名的高等学府是专门为国际组织输送人才的，在这个学府中，使用具有话语权的语言作为教学语言，以利于形成有相同价值观的话语平台。

二 法语的全球战略与国际话语权竞争

我们已经论述了话语权建构的四个要素。接下来我们具体看一下，在全球化日益加深的今天，法国是如何在这四个方面，使用多语主义的语言政策，争取国际话语权的。

法语的全球传播分为两个层面。第一个层面是法语的自然全球流动，是一种自在的过程，与法语人口的生息、迁徙，相关的历史事件以及随着全球化而来的资本、文化、人才等的自然流动密切相关。第二个层面是法国政府或各种组织对法语有诉求的政策规划，是一种自为的过程，这种过程是为了获取在重大事务上言说的权力，因为话语权力代表了只有合法言说者才享有的利益。在全球化程度日益加深的今天，第二个层面的法语传播更值得探讨。

（1）法语在全球范围内力争话语资格，主要利用了有形的制度，主要是通过建立国际组织或在国际组织中争取官方语言和工作语言的地位。在早期的国际组织中，法语是重要的外交语言，然而，目前使用情况越来越少：比如在欧盟中，使用法语起草文件的比例已经从曾经的50%左右，下降到了10%左右。在联合国，法语甚至从某些专业技术领域消失，比如国际货币基金组织。但法语的全球政策于2011年以后，也进行了多语主义的逐渐转向，包括在国际组织中以语言多样性和文化多样性为意识形态捍卫语言权力，坚决使用翻译，要求提供法语版本的文件等，这些都为法语在国际组织中保留第二大语言的地位提供了条件。

（2）法语的国际话语社团规模。我们讲到话语权建构时，第二个要素是话语社团的规模大小。但是否话语社团规模越大，话语权就越大呢？事实上，衡量某种语言的话语社团的规模指标是多维度的，各项指标的综合规模才能反映真正的话语权影响力。

法语国家组织在全球还有一个重要的任务，就是为法语建立一套世界范围内的衡量其话语社团规模的指标体系，每年发布《法语国家组织状况报告》，更新各指标的数据，以科学的方式衡量法语的发展状况。这些规模指标包括母语人数、地理范围、以法语为官方语言的国家数量、国际组织的使用频率、起草文件的使用频率、口语的使用频率、网络使用率、各领域使用率等，根据这些指标的变化，能很精确地分析法语的发展变化，了解法语的活力。根据2017年《法语使用报告》援引《法语国家组织状况报告》的最新数据，世界上以法语为母语的人口数排世界第五，却是唯一与英语一样在地理分布上遍及五大洲的语种，目前有31个国家或政府使用法语作为官方语言或第二官方语言，法语国家组织包括84个成员国或观察员国。从国际组织使用频率看，法语是第二大语言；从领域看，法语是全球第四大网络用语，欧洲第二大、世界第三大商务用语，世界第二大外语学习语言。2010～2014年，法语使用人数有7%的增长，平均每年的增长率超过1%。从这些数据来看，法语的话语社区规模有自己的成长特点，那么这些话语社区的创建使用了怎样的全球语言政策呢？法国很注重与其他的法语中心建立联系，建立统一的话语标准，比如与加拿大、比利时、瑞士等国家积极建立术语统一标准，努力在非洲国家国民教育体系中推行包括法语的双语教育。另外，法语国家组织也是一个联络所有讲法语地区的政治、经济、文化、教育纽带，加固了这一传统话语社区的稳定性。

（3）建构话语权过程中，信条和信仰的制造也是至关重要的内容。在抵制美国的新自由主义和反对英国霸权的过程中，也为法国带来了更多的信众。法国语言学家海然热（2015）在《反对单一语言》这本书中提到："反对美国和英语，或者说无视怀疑拒绝妄自菲薄的坚定能给法语带来什么样的声望，举一个例子，大家就能感受到，2013 年 2 月，联合国安理会的法国代表明确表达了法国不赞同美国的对伊政策。此后的几个星期内，世界上许多国家的法语联盟都收到了大批注册法语课程的申请。"这段话充分证明了语言与话语的关系，以及提升语言作为话语载体声望的作用，话语和承载语言是相辅相成的，话语越有公信力和权力，语言也越有权力，反之亦然。

此外，现代高效的话语工具和平台的运用是话语竞争的必要条件。法语的全球语言传播，视听媒体的运用在制造和传播法语文化和价值观方面功不可没。比如，法国有三大视听传媒航母，为法语争夺世界的话语权奠定了坚实的基础。一是法国国际广播集团（FMM），包括法国 24 台、法国国际广播电台（RFI）以及蒙特卡洛中东电台，法国国际广播集团规章的第 17 条注明其主要工作职责是"推广法语和敦促法语的正确使用"，该集团的另一个重要任务是通过促进法语的全球学习来加强与法语世界各国及各个合作机构的联系。它们使用 14 种语言报道法语世界乃至全球的新闻事件。如何利用传媒获取话语权？给需要学习法语的人群提供服务。RFI 于 2016 年建立了法广知网，为法语学习者提供关于科学、健康、环境、历史、地理、文化的知识。2018 年，法国政府还与法国国际广播集团合作为法语国家的新进移民提供手机、网络和电台的双语节目服务，涉及的语种超过 15 种，节目的内容主要是揭示法语文化"密码"，帮助移民尽快融入法语社会生活。积极主办法语日、法语周等文化活动。法语世界全球妇女论坛的合作伙伴，设置了两个文学奖项——法广国际戏剧奖和青年文学奖，鼓励法语国家的法语文学艺术创作。利用网络数字技术，让法语世界的年轻一代更多地与外界交流，2017 年某个听众的法语 Facebook 访问量达到了 2100000 次，而且其中美国人的访问量最高，在 100000 个粉丝中，有 75% 以上是低于 35 岁的人。各大媒体联合行动，使法语推广更有声势，比如法国国际广播集团与 OIF 的世界法语大学联盟（AUE）及对外法语教学组织（AEFE）合作，组织了媒体进学校或媒体周活动，同时也与法语联盟和法语学院（IF）一起合作了“我还可以讲法语”活动，与法国电视国际五台合作。二是 OIF 的官方频道法国电视国际五台。三是法新社。

（4）语言教育制度与国际话语权。话语权的建构，最终既需要教育制度来保证也需要教育制度来更新。所以在整个法语的全球传播体系中，语言教育制度的建构是最重要、最完备的。法语及法国境内语言总司的官方报告中也把支持法语教学当成法语外交影响力的最重要组成部分。

法语的全球教育体制是一个庞大的体系，可以分为以下四个部分。

法语教育任务体系　法语教育任务（LFE）包括两大部分，一是把法语作为外语的教学（即对外法语教学）和双语教学，二是各种形式的法语世界的法语教育合作。法语的这些教育形式，因教学对象的不同和学习目的的不同，有不同的教学法、教师队伍及测评体系，对法语教学多层次多维度的划分体现了法语传播的精准性，以及对学习市场的充分了解。这为法语传播的有效性提供了保障。

法语文化教育网络　文化教育是法语教学的实质内容，这也是法语教学得以延续不衰的重要原因。我们都知道，语言的初始学习对于大多数人来说由好奇心驱使，是比较容易的，但入门之后还能持续学习的原因就变得多元而复杂了，远不是语言本身所能解决的。法语的传播以法国文化为主要内容，这是由法国文化资本的世界权重决定的。法语教学的背后是强大丰富且源源不断的法国文化，此外，法语文化不断推出新的全球性价值观，很多都被学习者欣然接受，比如文化和语言多样性，反对英语霸权等观点。法国最著名的两个文化教育组织就是法语联盟和法语学院。它们主要在世界各地提供法语文化的学习和体验，并提供法语教学服务和语言学习证明。在语言领域，法语联盟每年大约要承接法语水平等级考试 550000 场次。在文化和艺术领域，要举办多种形式的辩论、音乐会、电影放映、展览或者会议，每年大约有 27000 场次的文化活动举行，法语联盟还肩负着法国新书的推广、文学作品的推介，在全球范围内有 130 个多媒体图书馆负责这些文化产品的流通、展示和体验。在科技和大学领域，法语联盟在 120 个国家建立了 236 个“法国校园”项目，用于推广法国的高等教育。成立于 1898 年的法语联盟更是在 135 个国家有 800 家机构，教授人们使用法语和了解法国文化。

世界法语大学联盟　除了一般层次的语言教育以外，高等教育更是提升法语在科学技术领域影响力的重要途径。该组织有 50 年的历史，是法语国家组织的下属机构，它联合了来自世界上 111 个国家的使用法语的 845 所综合性大学、高级专业技术学府以及科研院所等，是世界上最重要的高等教育联合组织之一，聚集了法语世界所有顶尖学府和学术机构。

这个组织除了在法语世界的各高等院校之间提供交流以外，还致力于提升法语科技出版物的价值，提升法语科技出版物的影响力。以法语发表的文献，尤其是人文社会科学文献的引用率比较低，远不如英语科技出版物，导致研究者们逐渐开始使用英文发表文献，为了改变法语世界的这种状况，世界法语大学联盟已经着手创建一个法语国家科技出版物的索引和引文标准，这样可以更好地参考、引用法语文献，也可以推动法语科技文献质量和数量的提升，提升法语科技出版物的影响力，重要的是可以提升法语世界的科技实力。这个计划能否实施，在于区域间的合作和国际支持，法语及法国境内语言总司也将积极推动这个计划的实施，并提出了“科技多样化”概念，对于法语世界乃至全世界的科技意义重大。此外，世界法语大学联盟还在积极构建法语世界的“专业知识图谱”，实施“AUF2017 - 2021”战略。

测试体系及文凭认证　法语教育体系庞大，因此相应的测试体系和文凭认证制度也非常繁多。我们说测试体系和文凭认证是教育再生产的重要保障，也是把教育体系与经济、就业等其他生产力市场紧密结合的重要手段，是教育体系的重要环节。国际教育研究中心（CIEP）成立于1945年，是法国教育部下属的机构，主要负责统筹世界范围内法语教学大纲、教学法及测评体系一体化的工作，并在全世界建立了统一的法语教学培训框架及各项水平指标，这对于法语教育的统一市场十分重要。CIEP已经在世界上的173个国家开设了考试中心，2016年，CIEP为世界600000名考生在全球1200个考试中心举行了考试，其认证标准是《欧洲语言共同参考框架》，由国际教育研究中心提供考试和文凭，因为它的官方地位在全世界都是被认可的。此外，法语学习文凭（DELF）、高级法语学习文凭（DALF）、法语知识测试（TCF）也是有效的法语测评工具，在法国的高校学习或者企业工作，也都有相应的语言能力证明效力。

在网络化程度日益加深的今天，法国又出现了新的网络个人考试形式EV@ lang。主要针对法国以外的企业、学校，不出具语言证书，而是依据分数等级划分语言水平，主要测评的语言种类包括法语、英语和阿拉伯语。它充分吸取了国际教育研究中心的经验，并发挥了网络优势，从组建开始到2016年1月，注册参加考试的人数达到了30000人次，它代表了未来语言测评的发展方向。

三 结语

语言政策学科的产生奠基于解决民族国家的语言问题，形成了经典语言政策研究模式。但随着全球化、国际化的深入，信息交流和货物流通都突破了一国一地，21世纪的世界必将成为一个多语的世界，法国大革命以来所形成的“一个国家、一个民族、一种语言”的语言意识形态渐成特例。语言政策和规划研究也将迎来新的研究模式：逐渐向国际领域延伸，无疆界趋势日益明显，面临语言新格局新秩序（赵守辉、张东波，2012）。

本研究引入了法国社会学家布迪厄的符号权力理论，并对法国语言政策的制定、方式、功能及经验教训进行了解析。通过对法国语言政策历时变化的解析，我们认为法国语言政策在全球化时期和多语主义意识形态下已经展现了新的特点，我们希望用这些新特点来补益经典语言政策理论，形成新的研究模型（见图6－1）。

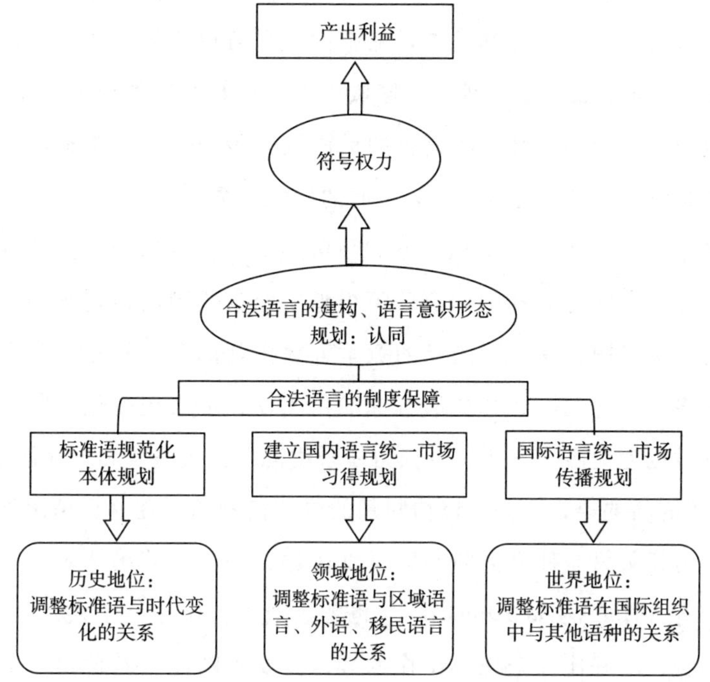

图6－1　符号权力理论视域下的法国语言政策模型

从图6－1中，我们可以看到法国的语言政策核心是法语标准语的规划，即合法语言的建构，这是保障所有符号权力的基础和源头。在合法语言的建构过程中，需要语言意识形态的规划，要与广大语言使用者建立认同，即同谋关系。这样的合法语言体系，还需要一整套保障体制。保障体制包括标准语的规范化，这是语言政策中的本体规划，标准语越规范、越方便使用，合法语言的符号权力就越容易显现。保障体制的第二个部分是国内语言统一市场的建立，要建立这样一个统一市场，必须有语言习得体系、教育机制、测评考核机制及就业机制的综合作用，但最核心的是我们通常所说的语言教学政策，也就是习得规划部分。保障体制的第三部分是全球化背景下必须具备的国际语言统一市场，这个市场的建立也同样需要国际制度的保障，包括国际组织、语言国际教学、文化推广等，我们把它定义为语言的传播规划。这些保障体制对语言的作用，就其实质来说，是对各领域的语言关系进行地位规划，调整相互的权力关系。比如在标准语规范化领域，其实质是调整标准语与其自身变化的关系，简化与否、术语如何规范化、借词如何进入等都是考量的范围。在习得规划领域，调整的是多种语言关系，如移民语言、外语、区域语言等相互之间的权力关系。最后，在国际范围内，为了提升合法语言的话语权竞争力，必须调整标准语与国际组织中其他语言及国际强势语言之间的权力关系。

解析法国语言政策的历程、方式、功能及经验教训，补益经典语言政策理论，形成全球化时期的语言政策模型，能为我国的语言规划、汉语传播、语言资源保护、汉语话语权的竞争等提供新的参考视角，为大华语圈的标准语多中心化问题、合法语言标准化问题、术语规范化问题提供参考思路，同时也为提出“华语符号权力体系建构”提供事实和理论依据。

“真正的活的语言，是不惧怕同别的语言接触的，在这种情况下，不存在一种语言征服另一种语言的问题。”（陈原，1998）美国评论家亨利·路易斯·门肯（Henry Louis Mencken）也曾经把语言比作一个人，他说：“一门活的语言，就好比一个患小出血的人，需要不断注入其他语言的新鲜血液。停止输血的那一天，即是他开始走向死亡的日子。”

参考文献

〔法〕布迪厄，皮埃尔，2005，《言语意味着什么——语言交换的经济》，褚思真、刘晖译，商务印书馆。

〔英〕菲利普森，罗伯特等编，2015，《语言：权利和资源——有关语言人权的研究》，李君、满文静译，外语教学与研究出版社。

〔法〕戈蒂埃，罗杰-弗朗索瓦、赵晶，2017，《法国中小学的“共同基础”与课程改革》，《全球教育展望》第11期，第21~29页。

〔法〕海然热，克洛德，2015，《反对单一语言》，陈杰译，商务印书馆。

〔法〕海然热，克洛德，2003，《语言人：论语言学对人文科学的贡献》，张祖建译，北京大学出版社。

〔英〕赖特，苏，2012，《语言政策与语言规划——从民族主义到全球化》，陈新仁译，商务印书馆。

〔美〕李圣托，托马斯编，2016，《语言政策导论：理论与方法》，何莲珍等译，商务印书馆。

〔以〕斯博斯基，博纳德，2011，《语言政策——社会语言学中的重要论题》，张治国译，商务印书馆。

〔瑞士〕索绪尔，1980，《普通语言学教程》，高名凯译，商务印书馆。

白露，2015，《法语的历史变迁与法国语言政策》，《考试周刊》第9期，第81~82页。

蔡宏彦，2011，《近年来政策网络理论的研究述评》，《内蒙古农业大学学报》（社会科学版）第1期。

曹德明，2010，《从历史文化的视角看法国与非洲的特殊关系》，《国际观察》第1期，第29~34页。

车琳，2017，《法国核心价值观在国内外的传播》，《法语学习》第4期，第1~13、61页。

车晓菲，2012，《法国历史上具有代表性的语言政策》，《法语学习》第1期，第50~52页。

陈杰，2017，《黎塞留主政时期的法国国家文人保护制度》，《外国文学评论》第3期，第105~121页。

戴冬梅，2010，《法国外语教育政策与教学体系考察》，《外语教学与研究》第1期，第24~30、80页。

戴冬梅，2012，《法国语言政策与其“文化多样性”主张的悖论》，《北华大学学报》（社会科学版）第6期，第20~23页。

戴冬梅，2016，《新世纪法国境内语言政策调整解析》，《语言政策与规划研究》第2期，第88~95、99页。

戴曼纯、贺战茹，2010，《法国的语言政策与语言规划实践：由紧到松的政策变迁》，《西安外国语大学学报》第1期，第1~5页。

戴曼纯、刘润清等，2012，《国外语言规划的理论与实践研究》，外语教学与研究出版社。

党英媚，2008，《法语资源在线状况调查分析与研究》，《法国研究》第4期，第85~91页。

方友忠，2013，《法国综合性公立大学使用外语授课的立法争议》，《世界教育信息》第15期，第14~15页。

方友忠、马燕生，2014，《法国高等教育国际化：进展与挑战》，《世界教育信息》第24期，第11~13页。

房建军，2012，《国外的少数族群语言政策规划：以欧亚四国为例》，《语文学刊》（外语教育教学）第9期，第3~4、19页。

菲什曼，游辛，1979，《语言社会学》，《现代外语》第4期。

冯志伟，1988，《法国的语言政策》，《语文建设》第6期，第22~

23 页。

傅敬民，2010，《布迪厄符号权力理论评介》，《上海大学学报》（社会科学版）第 6 期，第 104 ~ 117 页。

郭科研、金志茹，2009，《法语保护政策对我国语言政策的启示》，《齐齐哈尔大学学报》（哲学社会科学版）第 3 期，第 105 ~ 107 页。

郭龙生，2014，《它山之石，可以为错——语言政策国别研究学习感言》，《语言政策与规划研究》第 1 期，第 16 ~ 23、72 页。

国家语言文字政策研究中心编，2016，《中国语言文字政策研究发展报告（2015）》，商务印书馆。

何俊芳，2011，《国外多民族国家语言政策与民族关系》，《中南民族大学学报》（人文社会科学版）第 4 期，第 11 ~ 15 页。

贺之杲，2017，《欧洲反全球化浪潮的表现及原因》，《新视野》第 4 期。

侯聿瑶，2007，《法国文化产业》，外语教学与研究出版社。

胡新宇，2015，《法国拓展国际教育市场的政策法律与实施策略》，《科教导刊》（电子版）第 31 期，第 8 页。

姜峰、肖聪，2011，《法国移民子女教育政策述评》，《外国教育研究》第 5 期，第 21 ~ 25 页。

教育部语言文字信息管理司组编，2016，《世界语言生活报告（2016）》，商务印书馆。

雷霏，2010，《法国对“法语世界”的传播策略解析——以 TV5MONDE 电视台为例》，《国际新闻界》第 10 期，第 93 ~ 98 页。

李克勇，2004，《关于法语的命运的论述》，《法国研究》第 1 期。

李克勇，2006，《法国保护法语的政策与立法》，《法国研究》第 3 期。

李克勇，2006，《法国保护法语的政策与立法》，《法国研究》第 3 期，第 22 ~ 27 页。

李克勇，2006，《论英、法语的互动与得失》，《求索》第 3 期，第 189 ~ 192 页。

李清清，2014，《法国多语制政策的战略意义与意识形态冲突》，《语言政策与规划研究》第 1 期，第 31 ~ 42、72 ~ 73 页。

李清清，2014，《英语和法语的语言传播对比研究》，博士学位论文，北京外国语大学。

李兴华，2006，《从民族身份看欧盟多元化的语言政策》，《法国研究》第 4 期，第 68 ~ 71 页。

李宇明，2012，《论语言生活的层级》，《语言教学与研究》第 5 期，第 1 ~ 10 页。

李宇明、王春辉，2019，《论语言的功能分类》，《当代语言学》第 1 期。

李宇明，2016，《由单语主义走向多语主义》，《语言学研究》第 1 期，第 6 ~ 15 页。

李宇明主编，2016，《中法语言政策研究》第二辑，商务印书馆。

李宇明主编，2014，《中法语言政策研究》第一辑，商务印书馆。

梁启炎，2001，《英语“入侵”与法国的语言保护政策》，《法国研究》第 1 期，第 70 ~ 80 页。

廖静，2017，《北非穆斯林移民融入法国社会的类型分析》，《阿拉伯世界研究》第 6 期，第 104 ~ 116、119 页。

刘洪东，2014a，《当代法国语言推广政策及启示》，《东岳论丛》第 2 期，第 87 ~ 91 页。

刘洪东，2014b，《法语全球推广和传播研究》，山东大学出版社。

刘洪东，2016，《国际组织的多语制：法国经验与中国思考》，第三届中法语言政策与规划国际研讨会论文，北京。

刘力达，2012，《2005 年法国骚乱后的法国移民政策研究》，《法国研究》第 2 期。

刘巍、王淑艳，2017，《法语的演变：从单一语言到语言多样性》，《法语学习》第 5 期，第 23 ~ 29、61 ~ 62 页。

卢暄，2015，《法语国家组织的对外交往》，《公共外交季刊》第 4 期，第 55 ~59、125 ~126 页。

栾婷、傅荣，2017，《法国地方语言现状及地方语言政策分析》，《法语学习》第 4 期，第 33 ~39、62 页。

栾婷，2014，《法国在全球推广法语的政策与措施分析》，《首都经济贸易大学学报》第 5 期，第 57 ~60 页。

罗孝琼，2017，《法国外语教育政策特色与启示》，《黑河学院学报》第 4 期，第 15 ~16 页。

马胜利，2003，《“共和同化原则”面临挑战——法国的移民问题》，《欧洲研究》第 3 期，第 105 ~118、7 页。

马源辰，2009，《法语在法国对外文化政策的地位及其在中国的表现》，《科学之友》（B 版）第 4 期，第 100 ~101 页。

宁继鸣，2017，《新常态：孔子学院的完善与创新》，《国际汉语教育》（中英文）第 3 期，第 10 ~15 页。

彭姝祎，2015，《法国移民的融入困境——〈查理周刊〉血案引发的思考》，《当代世界》第 3 期，第 45 ~47 页。

王佳，2012，《文艺复兴与法国文学的新纪元》，《文学界》（理论版）第 1 期。

王明利，2012，《论启蒙运动与法语的辉煌》，《北京第二外国语学院学报》第 6 期，第 1 ~8 页。

王明利、戚天骄，2012，《法语联盟文化传播策略研究》，《法国研究》第 1 期，第 79 ~85 页。

王庭荣，1986，《略论法语的起源》，《法国研究》第 3 期。

王秀丽，2011，《当代法国语言学理论研究》，北京语言大学出版社。

王秀丽、王鹏飞，2016，《法国语言规划的新动态》，《语言政策与语言教育》第 2 期，第 48 ~56 页。

吴瑶，2017，《法国语言政策中民族性的体现：从高卢罗马时期到法国大革命》，《法国研究》第 3 期，第 72 ~76 页。

向红、高莉娟，2004，《全球化定义研究——对西方两类主流全球化定义的考察》，《求实》第5期。

许钧，1984，《略论当代法语的若干发展趋势》，《外语研究》第1期，第57~62、69页。

杨晓强，2011，《法语的民族性与英语的全球化》，《法国研究》第4期，第87~94页。

姚远峰，2007，《国际扫盲教育的演进与问题诉求——以联合国教科文组织的参与为例》，《成人教育》第6期。

叶丽文，2011，《法国、法语和法语国家国际组织》，《中国法语专业教学研究》。

俞炎燊，2007，《布迪厄的语言观解析》，《福建农林大学学报》（哲学社会科学版）第6期，第113~116页。

苑国华，2009，《论布迪厄的社会语言学——“语言交换的经济”理论》，《北方论丛》第2期，第64~67页。

曾晓阳，2013，《从“先生”的语言到公民的语言：试析近代法国统一民族语言的政治因素》，《史学集刊》第6期，第87~92页。

张弓，2017，《拉丁语及双语课堂逐渐回归法国校园》，《世界教育信息》第23期，第79页。

张燕，2015，《布迪厄理论的背景、模块及特点研究》，《湖北民族学院学报》（哲学社会科学版）第2期，第130~134、157页。

章敏，1985，《法语与外交语言》，《外交学院学报》第1期，第93~96、92页。

赵守辉、张东波，2012，《语言规划的国际化趋势：一个语言传播与竞争的新领域》，《外国语》（上海外国语大学学报）第4期。

郑若麟，1996，《法国历史上任期最长的总统密特朗昨晨逝世》，《国际政治》第1期。

周明朗，2009，《语言意识形态和语言秩序：全球化与美中两国的多语（教育）战略》，《暨南学报》（哲学社会科学版）第1期，第45~56、154页。

周庆生，2003，《国家、民族与语言——语言政策国别研究》，语文出版社。

周庆生，2005，《国外语言规划理论流派和思想》，《世界民族》第4期，第53~63页。

周庆生，2001，《国外语言政策与语言规划进程》，语文出版社。

周晓梅，2008，《欧盟语言政策研究（1958—2008）》，云南大学出版社。

朱国华，2015，《语言交换的经济与符号权力：图绘布迪厄语言理论》，《徐州工程学院学报》（社会科学版）第6期。

Adamson, Robin. 2007. Clevedon *The Defence of French: A language in Crisis?* UK: Multilingual Matters.

Ager, D. E. 1993. Identity, Community and Language Policies in Contemporary France. In Ager, D. E., Muskens, G. and Wright, S. (eds.).

Ager, Dennis. 1994. "Immigration and Language Policy in France." *Journal of Intercultural Studies* 15 (2): 35 – 52.

Ager, Dennis. 1996. *Language Policy in Britain and France: The Processes of Policy*. Cassell: Wellington House.

Baddeley, S. 1993. "The 1990 French Spelling Reforms: An Example to be Followed?" *Journal of the Simplified Spelling Society* 2, pp. 3 – 5.

Ball, R. 1988. "Language Insecurity and State Language Policy: The Case of France." *Quinquereme* 11, 1: 95 – 105.

Battye, A., Hintze, M. – A. 1992. *The French Language Today*. London: Routledge.

Baugh, A. C., Cable, T. 1978. *A History of the English Language*. 3rd edition. Englewood Cliffs, NJ: Prentice Hall.

Bédard, E., Maurais, J. 1983. La Norme Linguistique. Pairs & Québec: Le Robert & Conseil de la Langue Française.

Bengtsson, S. 1968. La defense Organisée de la langue Française. Uppsala: Almqvist and Wiksells.

Bewer, Garry D. , Deleon, Peter, 1983. *The Foudations of Policy Analysis*. The Dorsey Press.

Boquet, J. 1994. " La Scolarisation des Enfants d'Immigrés. Rapport du Conseil Economique et Social. " Journal Officiel 17, NOR CES X9300116V.

Bourdieu, P. 1990. *Language and Symbolic Power*. Cambridge: Polity.

Brewer, G. D. , de Leon, P. 1983. *Foundations of Pocily Analysis*. Chicago: The Dorsey Press.

Brincat, Joseph, Boeder, Winfried, Stolz, Thomas. 2001. Purism in Minor Languages, Endangered Languages, Regional Languages, Mixed Languages: Papers from the Conference, "Purism in the Age of Globalisation" Bremen, September.

Broglie, Gabriel de. Gallimard. 1986. Le français pour qu'il vive.

Brokowshi, J. L. , Dumoulin, D. 1994. Illettrisme et Précarisation. In Ferréol, G. (ed.), pp. 219 – 249.

Bruchet, J. (ed.) 1992. Organisations et Associations Francophones. Paris: La documentation Française.

Brun, A. 1923. Essai Historique sur l'introdution du Fran çaise dans les Provinces du Midi de la France. Paris: Champion et Genève: Slatkine Reprints (1973) .

Brèves. 1991. Termly/irregular. Les Brèves. Lettre du Conseil Supérieur et de la Délégation Générale ἀ la Langue Française. Paris: Délégation Générale ἀ la Langue Française.

Brèves. 1994. Termly/irregular. Les Brèves. Lettre du Conseil Supérieur et de la Délégation Générale ἀ la Langue Française. Paris: Délégation Générale ἀ la Langue Française.

Calvet, L. – J. 1993. L'Europe et ses langues. Pairs: plon.

Calvet, Louis – Jean. 2017. L'Ordonnance de Villers – Cotterêts. Le Française dans le Monde. | n°411 | mai – juin.

Catach, N. 1992. L'Orthographe. Paris: Presses Universitaires de France.

Cerquiglini, B. 1994. Préface. In Truchot, C. (ed.), pp. 17 – 20.

Collins, J. 2000. "Bernstein, Bourdieu and the New Literacy Studies." *linguistic and education*, (1).

Cooper, R. L. 1989. *Language Planning and Social Change*. Cambridge: Cambridge University Press.

Costaouec, Denis. 2013. Politiques Linguistiques: le Cadre Légal en France. Europe Politiques Linguistiques sous la Direction de José Carlos Herreras. Presses Universitaires de Valenciennes.

Dowding, K. 1995. "Model or Metaphor? A Critical Review of the Policy Network Approach." *Political Studies* 43: 136 – 158.

Estival, Dominique, Pennycook, Alastair. 2011. "Acdemie Fransaise and Ideology of Anglophone." *Language Policy* 10: 325 – 341.

Etat, Annual. 1991. Etat de la Francophonie. Paris: La Documentation Française.

Evans, H. 1985. "A Feminine Issue in Contemporary French Usage." *Modern Languages* 66, 4: 231 – 236.

Evans, H. 1987. The Government and Linguistic Change in France: The Case of Feminization. Association for the Study of Modern and Contemporary France Review 31, pp. 20 – 26.

Farandjis, S. 1984. Programme du Haut Comité de la langue Française. Paris: Haut comité de la langue Française. (lesflet).

Faure, M. 1986. La loi relative ɑ̀ l'emploi de la langue française. Histoire et limites. In Truchot and Wallis (eds.), pp. 161 – 170.

Fugger, B. 1979. Les Fran çaise et les arrêtés ministériels. Edudes sur L'impact de la loi linguistique dans l'est de la France. La Banque des Mots 18, pp. 157 – 170.

Gervais, M. – M. 1993. Gender an language in French. In Sanders, C. (ed.), pp. 121 – 138.

Grau, R. 1992. "Le Statut Juridique des Droits Linguistiques en France." In Giordan, H. 1992: 93 – 112.

Guillou, M. 1993. La Francophonie. Nouvel enjeu Mondial. Paris: Hatier.

Hagège, C. 1987. Le Français et les siècles. Paris: EditionOdile Jacob.

Hall, A. 1993. Pluralism and Pressure Politics in France. In Richardson, J. J. (ed.), pp. 159 - 174.

Hasan, R. 1999. "The Disempowerment Game: Bourdieu and Language in Literacy." *Linguistics & Education*, (1).

Haugen, E. 1972. Dialect, Language, Nation. Reprinted in Pride and Holmes (eds.), pp. 97 - 111.

Haugen, E. 1983. The Implementation of Corpus Planning: Theory and Practice. In Cobarrubias and Fishman (eds.).

Herreras, Jose Carlos. 2013. *Europe* [*S*] - 4 *Politique Linguistiques.* Presses Universitaires de Valenciennes.

Houdebine, A. 1987. Le Français au féminin. La Linguistique. 23, 1: 13 - 34.

IGEN. 1991. Rapport de l'Inspection Générale de l'Education Nationale.

IGEN. 1992. Rapport de l'Inspection Générale de l'Education Nationale.

INSEE. 1982. Annuaire Statistique de la France. Paris: Institut National des Statistiques et des Etudes Economiques.

Int EN. Interview. 1992. French Educational Policy. Paris: Ministère de l'Education Nationale.

Journal Officiel. Daily/irregular. Débats. Documents. Lois et Décrets. Paris: Journal Officiel de la République Française.

Judge, A. G. 1993. French: A Planned Language? In Sanders, C. (ed.), pp. 7 - 26.

Labov, W. 1966. *The Social Stratification of English in New York City.* Washington, DC: Center for Applied Linguistics.

Lüdi, Georges. 2012a. *Standard Languages and Multilingualism in European History.*

Lüdi, Georges. 2012b. Traces of Monolingual and Plurilingual Ideologies in the History of Language Policies in France.

Legendre, J. 1994. Rapport Fait au Nom de la Commission des Affaire Culturelles sur le Projet de Loi Relatif à L'emploi de la Langue Française. Paris: Journal Officiel, Senate Documents 309, 1993 - 1994.

Limage, L. J. 1993. "Literacy Strategies: A View from the International Literacy Year Secretariat of UNESCO." In Freebody, P. and Welch, A. R. (eds.) 1993: 23 - 34.

Lodge, R. A. 1993. *French: From Dialect to Standard.* London: Routeledge.

Martinet, Andre. 1969. Le Francais Sans Fard, Presses Universitaires De France.

Médias et Langage. 1984. Irregular. Médias er Langage. Special Issue 19/20.

Ministère de la Culture et de la Communication Délégation Générale à la Langue Française et aux Langues de France. 1994. Rapport au Parlement sur l'Emploi de la Langue Française.

Ministère de la Culture et de la Communication Délégation Générale à la Langue Française et aux Langues de France. 2004. Rapport au Parlement sur l'Emploi de la Langue Française.

Ministère de la Culture et de la Communication Délégation Générale à la Langue Française et aux Langues de France. 2005. Rapport au Parlement sur l'Emploi de la Langue Française.

Ministère de la Culture et de la Communication Délégation Générale à la Langue Française et aux Langues de France. 2006. Rapport au Parlement sur l'Emploi de la Langue Française.

Ministère de la Culture et de la Communication Délégation Générale à la Langue Française et aux Langues de France. 2007. Rapport au Parlement sur l'Emploi de la Langue Française.

Ministère de la Culture et de la Communication Délégation Générale à la Langue Française et aux Langues de France. 2008. Rapport au Parlement sur l'Emploi de la Langue Française.

Ministère de la Culture et de la Communication Délégation Générale à la

Langue Française et aux Langues de France. 2010. Rapport au Parlement sur l'Emploi de la Langue Française.

Ministère de la Culture et de la Communication Délégation Générale à la Langue Française et aux Langues de France, 2011. Rapport au Parlement sur l'Emploi de la Langue Française.

Ministère de la Culture et de la Communication Délégation Générale à la Langue Française et aux Langues de France. 2012. Rapport au Parlement sur l'Emploi de la Langue Française.

Ministère de la Culture et de la Communication Délégation Générale à la Langue Française et aux Langues de France, 2014. Rapport au Parlement sur l'Emploi de la Langue Française.

Ministère de la Culture et de la Communication Délégation Générale à la Langue Française et aux Langues de France. 2015. Rapport au Parlement sur l'Emploi de la Langue Française.

Ministère de la Culture et de la Communication Délégation Générale à la Langue Française et aux Langues de France. 2017. Rapport au Parlement sur l'Emploi de la Langue Française.

Ministry of Culture and Francophonie. June 1994. Brochure.

Niedzwiechi, P. 1994. Au Féminin! Code de Féminisationà l'Usage de la Francophnie. Paris: Librairie Nizet.

Organisation International de la Francophonie. 2014. La Langue Française dans le Monde.

Pivot, B. 1989. Le Livre de L'Orthographe. Paris: Hatier.

St Robert, P. de. 1986. Lettre Ouverte à Ceux qui en Perdent leur Français. Paris: Albin Michel.

Tannenbaum, Michal. 2012. *Family Language Policy as a Form of Coping or Defence Mechanism.*

Thomas, G. 1991. Linguistic Purism. London: Longman.

Thomas, G. 1991. Linguistic Purism. London: Longman.

Trask, R. L. U. 1999. Language: The Basics (2nd edition, Sussex, Falmer Brighton, England).

Truchot, Claude. 2014. "Quelles Langues Parle – t – on dans les Entreprises en France?"

Truchot, Claude. 2015. "Quelles Langues Parle – t – on dans les Entreprises en France?" Les Langues au Travail dans les Entreprises Internationales. Toulouse: Editions Privat.

Trudgill, P. 1974. *The Social Differentiation of English in Norwich*. Cambridge: Cambridge University Press.

Van Deth, J. – P. 1995. La politique linguistique de laFrance. Lecture at Institut Française, London.

Varro, G. 1992. Les "langues immigrées" face ɑ̀ l'école fran çaise. Language Problems and Language Planning 16, 2: 137 – 162.

Walsh, Olivia. 2016. *Linguistic Purism: Language Attitudes in France and Quebec*. John Benjamins Publishing Company.

网络文献

Conseil International de la Langue Francaise, http://www. cilf. fr/.

Immigration Service, http://www. immigration – residency. eu/immigration – to/france/.

La Politique Linguistique du Français, http://www. axl. cefan. ulaval. ca/europe/france – 2politik_francais. htm.

Loi Toubon, https://fr. wikipedia. org/wiki/Loi_Toubon.

Séquence de Sainte Eulalie, https://fr. wikipedia. org/wiki/S% C3% A9quence_de_sainte_Eulalie.

Villers – Cotterêts, https://fr. wikipedia. org/wiki/Villers – Cotter% C3% AAts.

图书在版编目（CIP）数据

法国语言政策研究／许静荣著. -- 北京：社会科学文献出版社，2020.4
ISBN 978-7-5201-6063-6

Ⅰ.①法… Ⅱ.①许… Ⅲ.①法语-语言政策-研究 Ⅳ.①H32

中国版本图书馆 CIP 数据核字（2020）第 014469 号

法国语言政策研究

著　　者／许静荣

出 版 人／谢寿光
组稿编辑／恽　薇
责任编辑／宋淑洁
文稿编辑／许文文

出　　版／社会科学文献出版社·经济与管理分社（010）59367226
地址：北京市北三环中路甲 29 号院华龙大厦　邮编：100029
网址：www.ssap.com.cn
发　　行／市场营销中心（010）59367081　59367083
印　　装／三河市尚艺印装有限公司

规　　格／开　本：787mm×1092mm　1/16
印　张：13.75　字　数：204 千字
版　　次／2020 年 4 月第 1 版　2020 年 4 月第 1 次印刷
书　　号／ISBN 978-7-5201-6063-6
定　　价／89.00 元

本书如有印装质量问题，请与读者服务中心（010-59367028）联系

版权所有 翻印必究